二見文庫

秘密のはじらい告白

素人投稿編集部

秘密のはじらい告白

バイト先のマドンナと初エッチ清楚な彼女が舌を絡ませてきて

西沢正信　高校生・十七歳

俺、十七歳の高校二年生です。俺がこのあいだ体験したちょっと面白い話を投稿します。

それはバイト先での話なんです。俺がバイトしてるのは、最近流行りの大型複合書店っていうやつで、よく郊外なんかにあるでしょ？　一見パチンコ屋かと思うようなでっかい本屋。中にはＣＤやビデオのレンタルコーナーもあったりして、俺は、半年くらい前からそこでバイトしてるんです。担当は、ビデオレンタルのコーナー。別に時給がいいわけじゃないけど、新しいビデオはタダで見れるし、何といってもも楽だからけっこう気に入ってます。

あれは二カ月くらい前だったでしょうか、そのバイト先の書籍売場に新しい女の子が入ってきたんですが、その娘がまたメチャかわいいんです。小笠原純子《おがさわらじゅんこ》ちゃんといって、身長が百六十ぐらいで足が長く、西田ひかるをもうちょっとふっくらさせた感じの美形、しかも性格は明るくて素直。ナンでこんな娘が、こんなトコにバイトにくるの？　って感じ。年を聞いたら十九歳だっていうから、俺より二つばかし年上なんだけど、本当にかわいいって言葉がピッタリくるような娘なわけです。つきあってる男もいないようだったし、もうあっという間にみんなのマドンナです。

それ以来みんな、誰が彼女を落とすかって競争だったんです。もちろん、俺も参加しました。俺、自分で言うのも何だけど、けっこうモテるんですよ。

でも、俺たちのそんな盛り上がりをよそに、彼女、けっこう身持ちが固いっていう噂だったんです。俺の前に数人の男が彼女を誘って断られたっていう話も聞いてたしね。でもマア、あれだけの美人だから、それもしょうがないって感じでみんな納得してて……。どうしようかナアとは思ったんだけど、遂に俺もアタックしてみたんです。

ある日、俺は彼女と二人きりになった一瞬を逃さず、

「ねえ、小笠原さん、もしよかったら今度一緒にご飯でも食べにいかない？」って誘ってみたんです。いやあ、とりあえずはやってみるもんですよね、あれだけみんながフラれつづけたのに、俺のときはＯＫだったんです。

デートの当日、俺たちはちょっとシャレた店で酒を飲みながら飯を食いました。雰囲気がいいから、デートのときにはよく使う店なんだけど、彼女も気に入ってくれたみたいでした。

「へえ、西沢《にしざわ》君っていいお店知ってるんだ」

彼女がまわりを見回しながらそう言いました。

「けっこういろんな女の子と来てるんでしょ」

彼女はイタズラっぽく笑いながら聞いてきます。でもまあ、そこは嘘も方便、

「ううん、小笠原さんが初めてですよ」

俺がそう言うと、彼女はキャラキャラと笑っていました。

「みんな私のこと誘ってくれたのに、西沢君だけなかなか誘ってくれないから、私のこと嫌いなのかと思ってた」

俺はこの瞬間に、もらった！　と思いました。彼女は明らかに俺に好意を持ってるって思ったんです。しかし、ここであせってはいけません。年上とはいえ、

これだけ純情そうな女の子なのですから、ここであせって逃げられては元も子もない、と思ったのでした。

手堅く事を進めた俺は、その日は「つきあってくれ」と告白し、ＯＫの返事をもらって、キスだけ交わして別れたのでした。

マジな話、あれだけかわいい娘はそうはいないし、初デートから簡単に抱ける女じゃちょっと自分の彼女にはしたくないし、ある意味で彼女は理想的でした。それでこそ初エッチの楽しみも増えるというか……。

そして、その初エッチのチャンスは三回目のデートで訪れたのです。その日、俺の両親は親父の田舎に法事で出かけていて、夜は俺一人だったのです。

その日のデートは、かなり緊張しました。もちろん俺にしたって、経験は少ないにしろ童貞というわけじゃなかったんだけど、年上の、しかもみんなのマドンナと言えるほどの美人を抱くわけですから、そういった意味じゃ初めての経験でした。

街で買い物をしたりお茶を飲んだりといった、ごく普通のデートをした後、俺は彼女を家に誘いました。

「今日、うちの両親いないんだ。だから、家に来ないか」

すると、彼女は少し真顔になって考えた後、

「うん」

と小さくうなずきました。

（OK！　もう、もらったも同然！）

俺は胸の内でほくそ笑みながら、彼女を家に連れ帰りました。

ベッドに腰掛け、音楽を聴きながらワインなんかを飲んで、いい雰囲気になったところでキスに持ち込みます。

ところがです。その日の彼女のキスは、いつものキスとは全然違っていました。いつもは軽くチュッという感じで唇を合わせるか、舌を入れても俺のリードに任せて彼女は受け身のままなのですが、その日は、彼女のほうから積極的に舌をからめ、激しく吸ってきます。それがまた上手いのです。

俺がちょっとビックリしていると、彼女は、

「正信《まさのぶ》君、好きよ」

と言って俺の手をとり、自分の胸に持っていきました。

そういうことならと、俺は早速彼女の服を脱がせてベッドに押し倒しました。

ブラをはずすと、真っ白いオッパイがプルンとこぼれ出ます。彼女のオッパイは、

柔らかいのに十分なハリと高さがありました。俺がしゃぶりつくと、クルミ色の小さな乳首が、引き締まって固く尖ってきます。俺はそれを舐め転がし、柔らかく甘噛みしました。

「あふっ」

彼女の唇から、小さな吐息にも似たあえぎが洩れます。かなり敏感なほうだな、俺がそう思ってオッパイへの愛撫を続けていると、彼女は何と、ズボンの上から俺の股間をまさぐってきたのです。

俺も、まさか彼女が処女だなんて思っていませんでしたが、処女どころかずいぶんと積極的な彼女に、驚くやらウレシイやら、ちょっと複雑な気持ちでした。しかし、そんなこんなを思ってボーッとしているうちにも、彼女は俺のベルトをはずし、ファスナーを下ろしてきます。

俺は、こうなったら仕方ない、とばかりに手早く服を脱ぎ捨て、彼女の服も脱がせてしまいました。

素っ裸の彼女は、あらためてほれぼれするほどキレイでした。色が白く、思っていたよりずっとスリムで、でもオッパイは十分に大きく高く張りつめていて、ウエストはキュッと締まっています。その下に平らで滑らかな引き締まったお腹があって、アソコには陰毛が薄く煙るように生えています。また、ヒップは大きくまあるく膨らみ、そこから続く脚ときたら、もう口笛でも吹きたくなるほどでした。全く、そこらのテレビタレントよりも断然キレイなのです。

いまからこの娘を抱けると思うと、俺はもう、痛いくらいに猛り立っていました。俺は、しばらくの間彼女を眺めてから、脚を開かせてその股間に顔を寄せました。

薄いヘアの奥に見える彼女のオマ××は、外見の少女のようなかわいさに比べて、やはり年上の女性らしい淫靡さがありました。色素は薄く、肌の色が少し濃くなったようなピンク色でとてもきれいなのですが、少し大きめのビラビラが透明な雫をたたえて微かにほころんでいます。そして、そのほころびから覗く鮮やかな濃いピンクの花芯が、まるで俺を誘っているようでした。

俺は、微かに女の子のエッチな匂いを漂わせているソコに舌先を伸ばしました。俺の舌先がビラビラに触れた途端、彼女は、

「はあン」

と、鼻にかかった甘い声を洩らしました。俺は尖らせた舌先でビラビラを割って、さらに奥へと差し込み、彼女の甘い露を舐めとりました。露は後から後から

湧き出し、ワレメに沿って舌を這わせるたびに、彼女はあえぎ声を上げながら体をピクリと跳ね上げて、敏感に俺の愛撫に応えます。俺の舌がクリトリスを捕えたときには、彼女は、

「はァううっ」

と声にならない声を上げ、シーツを握り締めて背中を弓形に反らせるほどの感じようでした。彼女が俺の頭を押さえて股間を擦りつけてくるために、俺はアッという間に顔中愛液まみれになってしまったほどです。

しかし、ビックリしたのはここからです。俺のクンニリングスに体を震わせて感じまくっていた彼女は、

「私ばっかり乱れさせてズルイわ。西沢君のもちょうだい」

そう言いながら体を起こし、俺のモノを咥えようとするのです。

「すごォい、西沢君のって大きいっ」

純子さんはそう言って、いとおしそうにチ×ポにキスしました。

あのかわいい顔した彼女がですよ、俺のを咥えてくれるというのですから、俺としては願ったり叶ったりです。彼女は、その愛らしい唇にパックリと俺のペニスを含みました。

ところが、彼女のフェラはそりゃ驚くのナンのって……ものすごいテクと激しさでした。ズズッ、ジュルジュルッ、と音を立てながら激しく吸い込み、陰茎全体に舌をからませて唇を締めつけながら顔を振りたててきます。かと思うと舌先を細くして裏筋を舐め上げ、カリ首をなぞり、先端のワレメにチロチロと舌を使ってきます。こんなかわいいアイドルそこのけの顔をした純情そうな女の子が、まるでプロのような巧みさです。

俺は、ただもうビックリして唖然とするとともに、背骨を駆け抜ける快感に身を任せていました。しかし、その素晴らしいフェラテクに、俺の我慢も長くは続きませんでした。

「純子さん、もういいよ。じゃないと口の中でイッちゃうよ！」

あまりの気持ちよさに、俺はたちまちのうちにイキそうになってしまいます。でも、俺がやめるように言っても、彼女はコクリとうなずくだけで俺のモノから口を離しません。それどころか、彼女はますます激しく顔を振りたててきて、俺のボルテージはどんどん高まってきます。

「あっ、ダメだ。出ちゃう」

俺はついに、たまらず彼女の口の中に大量の精液をぶちまけました。

しかし、純子さんはいやな顔ひとつせず、逆にうっとりとした表情で俺の出したものをゴックンと飲み干したのでした。

「ああ、美味しい……」

彼女は恍惚《こうこつ》の表情で目を閉じたままそう言いました。

俺は、意外な純子さんの一面を見て、かなり驚くのと同時にものすごく感動してしまいました。みんなの憧れのマドンナが俺のを咥えて、しかも精液まで飲んで、うっとりした顔で美味しいと言ったのですから。

でも、実はこの日、本当に驚いたのはここからなのです。

「わあ、いまいっぱい出したのに小さくならない。西沢君って強いんだ」

彼女は、射精しても萎《な》えない俺のペニスに頰擦りしながらそう言って、しかも、

「ねえ、入れて」

と、四つん這いのまま俺に尻を突き出してきたのです。丸く張りつめた大きな尻を差し出しながら、バックからの挿入をねだる純子さんを見て、正直言って俺の中の彼女のイメージは全く変わってしまいました。もっとも、それは幻滅したとかそういう意味じゃなく、そういうエッチな彼女もかわいいと思ったのですが。

（やっぱりかわいい顔をしていても、年上の女性なんだ）

俺はそう思うと、とりあえず今日は彼女の欲求を満たしてやろうと思いました。

純子さんは、高く上げた尻を振って俺を挑発してきます。俺は、彼女のまーるい豊かな尻を抱き、濡れそぼってヒクヒクと俺を誘っている淫らな秘芯に、またも痛いほどにいきり立ってきたモノをぶち込んでやりました。

充分に濡れた彼女のオマ××に、何の抵抗もなくヌプリと入り込んでいきました。

「あうっ……。ああ、すごい。西沢君、すごいわ」

彼女は、たちまち歓喜の声を上げて悶《もだ》え始めました。

俺は、激しく腰を使って彼女を突き立てます。パンッパンッという肉がぶつかりあう音と一緒に、ヌチャヌチャというスケベな音が聞こえてきます。

「ああっ、気持ちいいっ！　あなたってすごいっ！」

彼女は、上半身を突っ伏して背中を弓のように反らせた格好で、自分からも激しく腰を振りながら大きな声であえいでいます。二人の結合部に手をやると、溢れ出した愛液が幾筋か内腿を伝って流れ落ちていました。

「ああ、イイ！　すごく気持ちイイのっ！」

彼女が感じるのに合わせて、まるで俺から精液を絞りとろうとしているように、オマ××がキュッキュッとチ×ポを締めつけてきます。こんな感覚は初めてだった俺は、さっき一度彼女の口の中でイッたばかりだというのに、もう出そうになってしまいました。

「純子さん、俺、またイキそうだ」

「ダメよ、まだダメッ」

俺の訴えに、彼女は待ったをかけます。

「私ももうすぐなの。一緒にイッてっ！」

彼女はそう言って手を伸ばし、親指と人差指でペニスの根元をギュウッと握り締めてきました。俺は、そのおかげで爆発を止められ、さらに大きく深く彼女を突きまくりました。

「イイっ、すごいっ、イクっ」

きれぎれの言葉が彼女の口から発せられ、彼女はシーツを握り締め、枕を噛んで感じていました。俺ももう限界です。俺はさらにスピードを上げて純子さんを突き立てました。

「いやっ、だめっ、イクうーっ！」

彼女は、ガクッガクッと体を震わせてエクスタシーを迎えました。と同時に俺も、キュウーッというキツい喰い締めに耐え切れず、純子さんの中に精液をぶちまけたのでした。

結局その日は、その後もすべて純子さんのリードで、俺はただ彼女に圧倒されながら、いろんな体位で三発もやってしまいました。俺にしてみれば計五発です。見た目のかわいさとは全く違った純子さんの淫乱ぶりに、俺は戸惑いながらも大満足で（やっぱり年上の彼女はいいなあ）なんて現金なことを思ったりして……。

憧れのマドンナを仕留めたということで、バイト先のみんなにもうらやましがられ、とにかくいまでは最高の彼女だと思っているほどです。

自分をいちばん気持ちよくできるオナニーに狂ってしまった私

藤原真美　印刷会社勤務・二十一歳

私の恥ずかしい告白を聞いてほしくて書きました。

友達や家族や会社の同僚は、私がこんな秘密を持っているなんて夢にも思わないでしょう。なにしろ私はみんなから〝ネンネの真美《まみ》〟と言われているほどオクテで、男の噂ひとつないんですから。

そう、私は正真正銘の処女。キスだけは一度したことがあるけど、男の人におっぱいをさわられたこともない。いまどきこの年で珍しいですよね。

別に男に縁がないとか、モテないわけじゃないんだけど、どうもセックスとなると気が重くて。だって何か、なまなましい汚い感じがするでしょう。

大きくふくれ上がった男の人のものが、あそこに入ってくるなんて想像しただけでも気持ち悪いし、すっごく痛そう。なんとか痛い思いをしないで、きれいにセックスと同じ快感を得る方法ってないのかしら。

そんなのあるわけない？　いいえ、それがあるんです。

それはね、オナニー……思いきって告白すると、私の最大の楽しみはオナニーすることなんです。自分で慰めるなんて、そんなのみじめすぎる——そう言う人は、ステキなオナニーの方法を知らないんじゃないかと思います。

退屈でワンパターンなセックスより、ずっとずっと刺激的で興奮しちゃうんだから。

オナニーに狂った私は完全に中毒。もう男なんかメじゃない。だってセックスには相手が必要だけど、オナニーはいつでもどこでも思いついたときに、目をつぶって右手さえあれば簡単にできるんだもの。こんなに手軽で気持ちいいことって、ほかにありますか？

ちょっぴり恥ずかしいけど、私のオナニーの方法と、こういう体になってしまったいきさつについて書いてみます。

さかのぼれば、私が高校一年の夏。田舎の高校生だった私は、通っていた女子高には男子がいなくて、あまり異性を意識しなかったこともあってか、まるで小学生みたいに子どもっぽかったんです。生理がきたのも遅くて、胸もほとんどありませんでした。

私には四歳年上の姉がいます。いまは結婚して子どももいるけど、当時は東京の短大に通っていて、ちょうど夏休みだったので、姉は帰省していて私の隣の部屋を使っていました。

ある晩、私が先にお風呂を使った後、姉を呼びにいきました。もう十二時を過ぎていたけど、姉の部屋の電気はつけっぱなしだったので、まだ起きているんだろうと思って、ドアをノックしようとしました。ドアに隙間が少し開いていたので、私は何気なくのぞきこんだんです。

ハッとして思わず立ちすくんでしまいました。いくらオクテの私でも、それが何かとってもいやらしいことだってことは直感でわかりましたから。

姉は服を着たままベッドの上に横になり、スカートの下に手を入れて何やらもぞもぞやっていたのです。パンティは膝までずり下がっていたので、右手はあそこをじかにさわっているみたいで、せわしなくせっせと動いています。そして腰をあやしげにくねくねさせて……。

「あっ、あっ……ミツオ……」

喘ぎながらボーイフレンドの名前を呼んでいます。会ったことはないけど、半年前からつきあっているサラリーマンだっていう話でした。きっとその彼とセックスしているときのことを思い浮かべているのでしょう。半年もつきあっているなら、関係があっても不思議じゃないですから。

姉はブラウスの前のボタンをはずし、ミツオにされているつもりなのでしょうか、左手でおっぱいをまさぐり自分で揉み始めました。

それでだんだん興奮してきたのか、パンティは脱ぎ捨ててブラウスの前もすっかりはだけたので、体の大事な部分は丸見え。姉は思ったよりずっとグラマーで、胸も腰もかなりのボリュームです。高校生のときは私と同じようにやせっぽちだったのに、セックスを覚えて急に体が色っぽくなってきたみたいでした。

姉はぶるぶるしたゴムまりみたいなおっぱいを自分で握りしめ、乳首をつまんだり指先で転がしたりしています。きっとミツオはそこにキスしたりするんでしょう。

それから足をMの字型にぐっと広げて、あそこをマッサージするように手を動かしています。ときどき指が割れ目の中にずぶずぶと入って見えなくなります。きっとミツオのナニを入れているつもりなんでしょう。

姉のそこは毛が薄いのでばっちり見えています。自分のだってよく見たことがないけど、あらためて女のあそこってグロテスクだなあと思ったのはそのときでした。

「ああん……ミツオ、ほしい……」

姉はつぶやきながら、半開きにしていた口を大きく開けて舌でぺろぺろ舐めるしぐさをしました。きっとアレを舐めているところを想像しているんだわ！ いやらしい！

フェラチオという言葉ぐらいは高校生の私だって知ってはいたけど、まさか自分の姉がそんなことをしてるなんて、すごくショックで……。

右手の動きがますます活発になってきました。割れ目の上のちっちゃなポッチを指でぐりぐり擦ってます。そうすると気持ちがいいんでしょうか。姉はしきりに喘いでいました。

「はんっ、はんっ……ミツオ、アレちょうだい……」

そう叫んだ後、指三本がまとめて割れ目の中にずぶっと入りました。私なんかタンポンを入れるのさえ怖いのに、指が三本も入るなんてすごい……と妙に感心したのを覚えています。

「ああっ、いくっ、いくう～～～～」

姉の体がぶるぶるっと震えました。オルガスムスってやつでしょうか。大股開きのまま、手も足も硬直してました。それから途端に手の動きもぴたっと止まったのです。見ていると、気持ちいいというより苦しそうだったけど。

「ふうっ……」

しばらくして姉はティッシュの箱に手を伸ばし、股間を拭いました。白濁した粘っこい液が割れ目から糸を引いています。それが愛液っていうものなのかしら、と思いました。

「真美、いるの？」

パンティをとりに起き上がった姉と突然目が合ってしまいました。私はショックのあまり、すぐには動くこともできなかったのです。

「ちょっと、こっちに来なさいよ」

私はおずおずと部屋に入りました。あんなところを見られたのに姉はちっとも恥ずかしそうではありませんでした。

「見てたのね」

「うん……」

「あんた、オナニーしたことある?」

「あるわけないでしょ」

「すっごく気持ちいいんだから。私なんかミツオに会えないときは毎晩してるの」

そう言ってやり方をいろいろ教えてくれたのです。体のどんな場所が感じるかとか、どういう体勢でやるといいとか。事こまかにくわしく。

「だって私、セックスの経験もないし……」

「なくたってできるって。好きな男の子といやらしいことをしてる場面を想像すればいいんだから」

「好きな子なんて、いないもん」

「じゃ、タレントでも何でもいいの。想像力を使うのよ」

「私、やらない。オナニーなんてしなくたって生きていけるでしょ」

「あの気持ちよさを知れば、もうそんなこと言えなくなるから」

姉は私のほうを見てにやっと笑いました。オナニーなんか絶対にするもんか!

そのとき、私は固く決心したのでした。

それでもある晩、あまりに眠れないので、おそるおそるあそこに手を伸ばしたのです。そして、姉に言わせると、いちばん感じるというポッチを指でぐりぐりやってみました。するとだんだん気持ちよくなってきて、いつの間にかパンティを脱いでいたのです。

なんだかあそこがじわっと痺れてくるみたいで、姉がしていたようにお尻もくねくねと動かしてみると、もっと気持ちがいいのです。胸が締めつけられてるみたいで、心臓の鼓動が速くなって、体の芯がカッとしてきました。

「あ、ああ……鹿島《かしま》先輩……」

私は当時憧れていたサッカー部の鹿島先輩のことを思い浮かべていました。彼はカッコいいので女の子にすごくモテます。私なんか目もくれないことはわかっているけど、頭の中で想像するだけなら自由だもの。鹿島先輩が私のおっぱいにキスしたりさわったり、いろいろいやらしいことをしている場面を想像してみました。

「鹿島先輩、だめ……もうだめだって」

私の右手はさっきに増してせわしなく動きつづけます。なんだか割れ目からぬるぬるしたおつゆみたいなものがしみ出てきました。これが愛液ね……姉のあそこはぐっしょり濡れてねとねとになっていたけれど。

滑りがよくなったので、私はこわごわと指を一本だけ割れ目に入れてみました。

「いやあ、鹿島先輩。だめよ、いけない！」

空想の中の鹿島先輩は、筋肉質のたくましいお尻をぐいぐい上下させて私の中に入ってきます。きっと指なんかより数倍太いんでしょうけど、処女の私には想像もつきません。

「あっ、あっ、ああ……いくっ！」

足を大きく広げ、お尻をひくひくさせたまま私は達しました。いく瞬間、体が大きく痙攣して、その後がくっと力が抜けたのを覚えています。

「か、鹿島先輩……」

想像の中の彼は、私の唇や頬や首や胸に優しくキスをしてくれました。

それが私のオナニー初体験です。それからは眠れない夜のお楽しみになりましたが、まだいまみたいにヤミツキといった感じではありませんでした。どこか罪悪感みたいなものを感じながら、それでもこっそり楽しんでいる。そんな程度でした。

私には相変わらずステディなボーイフレンドもいなかったけれど、あるとき突然、鹿島先輩に家に来るように言われたのです。私はサッカー部のマネージャーのお手伝いをしていたのですが、そのことで用があると言われたのです。なぜ家に行くのかわかりませんでしたが、とにかく憧れの先輩の言うことですから、うきうきして出かけました。

家族は旅行中とかで家には誰もいませんでした。二階の彼の部屋に上がって、しばらくおしゃべりしました。別にこれといって用はないようです。

話が途切れると、先輩はいきなり私を押し倒しました。顔がマジでした。

「だ、だめよ、先輩」

「お前、俺のこと好きなんだろ。わかってんだよ。だから、いいだろ？」

鹿島先輩はとても体が大きいので組み伏せられた私は身動きもできません。でもいくら好きな先輩といっても、セックスするのはいやです。だってあれをあそこに入れるなんて、想像しただけでも吐きそうで……。

「いや、いや、いや」

パンティを下ろされそうになったので、私は思いきり手足をばたばたさせて抵抗しました。

「初めてなのか？」

「……初めてです」

「じゃ、触ってみろよ」

先輩がジャージを下ろすと、中から勢いよく立ち上がったアレが飛び出してきました。ものすごく大きくて赤紫色してゴツゴツして、おなかにくっつきそうなほどピンと立っているのです。

そんなに大きくなった男の人のものを見るのは生まれて初めて。すごいインパクト！　先輩は私の手をつかんで握らせました。

「いやっ……気持ち悪い」

「ははっ、お前、ほんとに処女なんだな。だけどよぉ、もうこんなになったから、責任とってどうにかしろよな。手でいかせてくれよ」

「手で、ってどうやるんですか？」

「教えてやるよ」

私は言われたとおりこわごわ手に握り、少しずつ動かしてみました。とっても気持ち悪かったけど、先輩の命令だから仕方ありません。部屋まで来た私も悪いんだもの。

「もう少し力を入れて……そうだ。なあ、口でやってくれよ。ちょっとだけでいいから」

「そんな、いやです」

「だったらやっちゃうぜ。いいのか、犯されても」

鹿島先輩は怖い顔でにらんで私のスカートに手を入れてきます。私は覚悟を決めて目をつぶり、そっとそれを口に含みました。口いっぱいに広がる大きさです。いやだったけど、でも犯されるよりはマシです。

「おまえ、何にも知らないんだな。口を上下に動かすんだよ。中で舌をレロレロやって……そう、ああ、気持ちいい」

十分ぐらいフェラチオさせられて、先輩はようやく果てました。私の顔にも白い液が飛んできたので、思わず顔をそむけてしまいました。

その後、先輩とは一度も会っていません。私と顔を合わせても無視するのです。このことをきっかけに、私はすっかり男嫌いになって、だれかにデートに誘われてもいつも拒否するようになりました。それはいまでも変わりありません。

だって男の入って、つきあうとすぐセックスでしょ。私、あんな大きなものが体の中に入ってくるなんて、どうしてもダメなんです。知らないうちはまだしも、先輩のナニを見てさわって、口でさせられて……あんなこと、もう二度とごめん。一生しなくてもいい。

その点、オナニーは本当にステキです。無理強いさせられたり、気持ち悪いことなんて何にもないんだもの。どうやったら気持ちよくなるか、私自身がいちばんよくわかっているし。

鹿島先輩とのことがあって以来、結局私はオナニーがヤミツキになってしまったのです。空想の相手は毎晩のように変わりました。歌手やタレントのこともあったし、たまにはいやな人が相手ということもありました。

だっていつもいつも、ステキな相手ばかりではつまらないでしょ。嫌いなヤツにレイプされるのも、想像だけならぞくぞくして興奮してきます。

私をレイプする相手は、柔道部の康彦《やすひこ》。クラスでいちばん体が大きくて、行儀が悪くて頭も悪い、本当にイヤなヤツ。あんなのにレイプされるぐらいなら死んだほうがマシだけど……。

レイプの現場は体育館の倉庫の中。私は無理やり康彦に連れこまれ、マットの上に乱暴に突き倒されます。セーラー服のリボンが引きちぎられて、康彦はすごんできます。

「お願い、助けて。何でもするから」

「へえ、お前、何でもするって言ったな」

康彦は私を押さえつけ、にやにや笑いながらジャージをずり下ろします。すると中から巨大なペニスが……鹿島先輩のよりさらに大きくてひくひく動く赤紫色のペニス。

「しゃぶれ」

口に押しつけてくるので、私は仕方なく唇を開きます。熱くほてったものが無理やりぐいと押しこまれてきます。

「うっ、うぐ……うぐ～～」

「こら、ちゃんと咥えてろ」

喉の奥まで突っこまれて、むせそうになるのを必死でこらえます。康彦は、私の口をあそこのかわりにするように、出したり入れたりを繰り返します。ペニスの下のぶよぶよした袋がぶら下がってときどき顔に触ります。康彦はそっちの袋も口に押しつけてきます。

私は彼にされるまま。康彦の巨体がのしかかってどうすることもできなくて、ただ屈辱に耐えるだけ。

「ああ、がまんできない」

鬼みたいに真っ赤な顔をした康彦が私のパンティを引きちぎり、剝き出しになった割れ目に巨根を押しつけてきます。そして私の膝をぐっと広げて……。

「お願い、かんにんして。それだけはしないで、私、処女なの」

「ふんっ、処女なら犯しがいがあるな」

ケダモノになった康彦はにやりと笑って、弾みをつけて一気に突進してきて……。

「ぎゃあああ～～っ」

ひと思いに根元まで突き挿されて……その瞬間、私はアクメに達するのです。

べとべとに汚れた手を枕もとのティッシュできれいに拭い、ついでにあそこもふいてから、パンティをはきます。

当然、目の前には嫌いな康彦もいないので、安心して眠りにつくことができます。やっぱりオナニーって最高です。

ヒップの桃割れをなぞる痴漢が会社の女子に人気のエリート社員で

水原由利栄　ＯＬ・二十四歳

二十歳で商事会社に入って以来、チカンに遭わない日はない、と言っていいくらいの日々を送っていました。私のアパートがある私鉄〇線はチカン率が高いことで有名な路線なのです。

身動きがままならないのをいいことに、腰やヒップを触ってくるのは当たり前です。ひどいのになると、バストをぐいぐいと揉んできたりして……。何度も駅員に突き出してやろうと考えるのですが、顔を覚えられて後日レイプでもされたりしたらたまりませんから、黙っているのです。

でも、最近は少し効果的な撃退法を身につけました。というか、ラッシュに慣れて身体が少し自由になってきた、というほうが正しいかもしれません。そろそろとチカンの手のひらまで指を動かしていき、ギュッとつねってやるのです。そうすると後ろのほうで小さく「イテッ！」と悲鳴が上がります。私の爪は毎日のように研いでいるから、とても鋭くて痛いはず。何度かつねりつづけていれば、自然と触ってこなくなるんです。

また、首がうまく動くような位置だったら、ぐいっとチカンのほうを振り向いて、ジロジロと見つめてやるのも効果的です。たいていの男は肝っ玉が小さいから、私が軽く睨《にら》むと首をすくめて知らん顔するるんです。まるで（やったのは俺じゃないよ）とでも言うように。本当に、チカンってズルいですよね。

私がどうしてチカンに遭うのかはよくわからないのですが、百五十センチと小柄だから、チカンとしては手を伸ばしてもバレにくいためなのかもしれません。また、ヤセ型のわりにはバストがDカップと大きいため、妙にボインに見えてしまうんです。その辺がチカン魂を刺激してしまうのでしょうか。

もう二十四歳、いつお嫁にいってもいい年齢なのに、身長や薄化粧のせいか、よく高校生にも間違えられます。髪型もあっさりしたおかっぱにしているから、なおさら年下に見られてしまうのでしょう。まあ、若く見られるのはうれしいことですけれど。

春は、特にチカンが多い時期です。やっぱり人間も動物だから、猫のように発情期に入るのかもしれません。新入社員を迎えた四月のとある日、私はとんでもないチカンに遭遇してしまったのです。

その手は、何度つねっても払いのけても私のヒップに絡みついてきて、いままでに例のないしつこさでした。かなり混み合っていた車内だったのですが、私は無理やり首を回して、チカンの顔を思いきり迷惑そうに見上げたのです。

「あっ……」

必死に顔をそむけようとしていたチカン男の横顔に、妙に見覚えがあるのです。それに、たいていのチカンは窓際族っぽいオジサンが多いのに、ものすごく若い男。それに、背が高くて一見イイ男。

(まさか……)

男は車内吊り広告を読んでいるフリをして、私とは全然関係ないような素振りをしているのですが、ふと油断したのかチラッとこちらに目をくれました。

やっぱり。彼は、私と同じ会社に勤めている野村洋一《のむらよういち》さんでした。二十八歳という年齢でありながら、次期課長と噂される、とてもデキる人です。いまも、企画開発室の新商品係長をてきぱきとこなして、女子社員の熱い視線を浴びています。人気があるのは、出世しそう、というだけではなく、ルックスもかなりいいし、人当たりもソフト。女だったら〝この人と結婚したい〟と夢見たくなる素敵な声まで持っているんです。

そのうえ、彼は一部上場企業の社長の息子というウワサ。でも、これはウワサだけじゃないようなんです。彼は、世田谷のものすごい広い家に住んでいるらしいし、服もバッグもいつも高級品。だからこそ、女子社員もいつも気にかけているのです。

私も、隣の課だったので、彼のことはチラチラ見つめていました。でも、いつも女性に囲まれている彼は、私のことなんか、きっと知らない。朝のおはようの挨拶すら、されたことありませんから。どちらかというと地味な私は、彼の目にはとまっていないと思っていました。

でもいまさっきまで、憧れていた彼の手が私のヒップを触っていたことは、間違いありません。切れ長の瞳を知らん顔させていますが、チカンされ慣れている女のカンで、彼がやっていたのだということはわかります。

彼は、まさか私が同じ会社の人間だなどと思わずに、チカンしていたのでしょう。私は溜息とともに彼に背を向けました。でも、私のヒップは、野村さんに撫で回された手の余韻で、うずきが止まらないのです。もじもじとお尻の割れ目を合わせるように、タイトスカートの中で筋肉を動かして、必死に静めようとしました。何しろ、前の彼氏と別れてから約半年、男に性感帯をいじられていないのです。

そんな私の欲求不満めいた動きを見破られたのでしょうか、信じられないことに、野村さんの手が再び私のヒップに伸びてきました。

（ああ……）

さっきのタッチより、かなり官能的で、スカートの布地の上からヒップの桃割れをなぞっています。じわっとアソコが濡れてしまい、彼の手と愛液のせいで、私はなおもお尻をもじもじとさせてしまいました。

野村さんの指は、スカートの中に入ってきそうで、なかなかやってきません。もう少し、もう少し、と逆にもうじれてしまっているときに、とうとう私たちが降りる駅に着いてしまいました。同じ職場の彼も、当然ホームに降りてきます。

最後に彼の目を私はトロンと見つめ、

（もっとしたかったわ）

と目で伝えてしまいました。

野村さんも名残《なご》り惜しそうに私に一瞥《いちべつ》をくれましたが、人混みの中、アッという間に二人は引き裂かれてしまいました。

会社への道中、私の頭は野村さんと彼の指のことでいっぱいでした。どんなにモテていても、お金持ちのお坊っちゃんでも、チカンをしたくなるときがあるんでしょうか。毎日、誰にでも触っているのでしょうか。それとも私にだけ……？

いままでは、チカンを不潔だと軽蔑していたのですが、今回ばかりは違います。憧れの野村さんが、触れてくれた……。そんなふうに思うと、自信がなかった私の幼い顔や体型ですが、少し勇気が湧いてきたのです。

野村さんとの再開は、さりげなく昼休み前に仕掛けました。今日は私が郵便物を配る当番だったので簡単です。彼宛の封筒を、彼の机の前に差し出し、

「野村さんですね？」

と声をかけました。何気なくうなずいて顔を上げたそのときの彼の驚愕ぶりといったら――。

さっきチカンしたばかりの女が目の前にいるんですから。

「それじゃあ、失礼します」

私は封筒を渡すと、そそくさと彼の前から立ち去りました。そっと後ろを振り返ると、彼が女子社員を呼び止めて、私が誰なのか指さして尋ねている様子が見えました。よほど慌てているらしく、ハンカチで額の汗を拭っています。

私は何食わぬ顔で自分の席に着いて、お弁当を食べ始めました。やがて彼が私の目の前に現れるような気がして、心が騒いでいました。

「……君……水原《みずはら》君」

案の定、野村さんが私を呼び止め、非常階段のほうに連れていきました。私と彼という意外な組み合わせが歩いているので、女子社員がギョッとしてこちらを見ていました。それだけでも私は得意でしたが、それより何より、私は彼の秘密——チカン——を知っているのです。ほかの女性より一歩も二歩もリードしたような、そんな錯覚にさえ陥《おちい》りました。

非常階段での彼の話は、さらに夢のようでした。前から私のことが気になっていたということ、そして今日、私の姿を認めて思わず手が伸びてしまったのだということ……。

真摯《しんし》な彼の瞳を見つめながら聞いていると、ついつい信じてしまいそうな話です。でも、私はそれがウソだとわかってました。彼はさっきまで私の名前すら知らなかったのです。チカン常習犯だということが会社にバレないように苦肉の言い訳をしているのにすぎないんです。

でも、私はそれでもうれしかったんです。チカンが縁だなんて奇妙だけれど、これからいくらかでも私のよさをわかってもらえればいいと思い直したのです。何しろ、いままでずっと憧れていた野村さんなのですから。

それから私たちは交際を始めました。周りのみんなは羨《うらや》ましがったり妬《ねた》んだりしましたが、私はとても幸せでした。野村さんもとても優しくしてくれたし、案外私たちが気が合うということもわかってきたのです。そんなこんなで、ある日、彼からホテルに誘われたとき、私も自然と首を縦に振っていました。

さすがにいままで幾多の女性を相手にしてきた彼だけあって、セックスの腕は最高でした。私は彼の腕の中で何度もエクスタシーを感じて、もうおかしくなってしまいそうでした。硬い彼のモノや、しなやかな指の動きにすっかり私のアソコはとろけてしまったのです。

けれど、私は脳裏で何かが違う、と気づいていました。最初の私と彼の触れ合い――チカン――こそが最高の愛撫のような、ものすごい快感だったような。彼のチカン姿を思い出すと、再び私は身体が燃えてくるのを感じたのです。

二度目の交わりが終わって、彼がゆっくりとタバコをくゆらせているとき、私はさりげなく彼に尋ねました。

「ねえ、あなたがチカンしてきたとき、私すっごく感じてたの、知ってる？」

「まあね」

野村さんはニヤッと笑って私に言いました。

「お尻がひくひくと揺れてたからな」

「エッチね……」

彼がチカン常習犯だというのはうすうす気づいていました。だって、女の秘部に侵入してくるのがとても素早く、慣れているとしか思えなかったからです。

彼が、私とおつきあいしてからもまだチカンしつづけているという疑念は拭えません。もし、また相手が会社の同僚だったら、ということを恐れてチカンしていないとしたら彼がかわいそう。好きなことはさせてあげたい、という想いがこみ上げてきました。それに、です。あの長い指で、今度はアソコの中までかき回されたくて。

だから、私は彼を誘うように切り出したのです。

「私たち、どうせ同じ電車でしょう？　ときどきは待ち合わせて、電車に乗りましょうよ」

「それもいいな」

野村さんは私の欲望を素早く見抜いたのか、それとも彼もチカン願望がムラムラ湧いてきたのか、アッサリとOKしました。

週明け、私たちは同じ時間の電車の同じ車両、同じドアの位置で待ち合わせました。私の三つ先の駅で彼が乗り込んできます。

「おはよう」

小さな声で私たちが挨拶を交わした途端、電車が急ブレーキをかけ、私の身体は大きくよろめいてしまいました。

「大丈夫か？」

野村さんがしっかりと私を後ろから抱きとめて支えてくれました。私は小さくうなずきながらも、自然とチカン体勢になったことを喜んでいました。後ろから彼の手が伸びてくるのを私は密かに待っていたのです。

彼も、やはり私に触りたいのでしょう。なんとなくソワソワと落ちつきません。そして再び電車がカーブにさしかかったとき、ついに揺れを装《よそお》って私のヒップをひと撫でしてきました。私は彼の手をお尻に感じて、恥ずかしいけれどまたくねくねと腰を振ってしまいました。

　発情している私を見て、彼もノッてきてくれたみたいで、ぐっと私の腰を抱き寄せると、バストを摑んできたのです。私は周りにほかの人がいるのも一瞬忘れて、快楽にヨガる女の表情になってしまって。彼ったら、乳首をブラジャーの上からも巧みに探り当てられるんです。彼の両手が私の胸をやわらかく揉みしだくのを、ただ彼の身体にもたれて感じまくってしまいました。

　普段なら、すでにここで声をあげているところですが、朝のラッシュの車内ではそれもままなりません。声をガマンするので、身体の深部に性感が溜まってゆきます。野村さんの息が荒くなってくるのがわかり、それが耳にかかるたびに私のアソコがジュンジュン湿っていくのです。

　彼の指が、スカートを後ろから巧みにたくし上げて私のパンティの内部へと入ってきました。濡れているのを知られるのはものすごく恥ずかしかったのですが、いつしか私は彼が探りやすいように、脚を微かに開き気味にしていました。恥ずかしい毛が生えている部分を彼に撫で回され、敏感なクリちゃんがどんどん膨れ上がっていきます。

「くっ……」

充血したクリトリスを彼が摘《つま》んだとき、思わず声を洩らしてしまいました。ほかの人が気づいていないみたいなのでホッとしたのですけれど、彼はこんなに高まっている私をさらに愛撫しつづけてくるのです。もう、チカン行為が楽しくて楽しくて仕方ないみたいに。

いけないっ、と思ったときには、もうアソコの穴に彼の指が入っていました。立ったまんまで指マンされてしまったなんて、初めて。太腿からお腹にかけて、快楽の振動がビリビリきて、思わずハアハア喘いでしまったほど気持ちよかったんです。

彼は、倒れそうな私の腰をしっかりと支えて、指を前後左右に器用に震わせました。

（ああ、イッちゃいそう！）

頭に桃色の閃光が走るのに、なかなかイケないんです。やっぱり、電車の中という特殊な環境に緊張していたのかもしれません。

私のお尻には、彼の勃起したペニスがぎゅうぎゅうと押しつけられ、もうそれが欲しくて欲しくてたまらないのに、入れられないもどかしさに、狂おしくて腰を彼のペニスに思いっきりこすりつけちゃいました。

するとジッパーを降ろし、生のソレを私に握らせてきたんです。もうすっごい硬くて。私は夢中でそれをシゴきながら彼の顔を見ました。もう興奮で耳を真っ赤にさせ、彼が私を見つめています。私たちは電車の中でごく自然に口づけをしていました。

キスしている最中も、彼は私のアソコから指を離しません。さっきからビリビリと感じていたバイブレーションが、どんどんどんどん膨らんできてしまいます。

「むぐぅ、い、イク……」

キスをしながら、彼にそう伝えると、私は思いっきり彼にしがみついて、エクスタシーの波に浸りました。電車の振動と、彼の指の振動とで、いつもの二倍は激しい絶頂でした。

それは、周りにマジメそうなサラリーマンが疲れた顔して乗っているというのに、私たちだけこんなにイヤラしいことをしている、という意識が私をここまで高めてくれたのかもしれません。

それだけじゃないんです。電車を降りると、私のスカートにべっとりと彼の精液までついていたんです。野村さんったら、興奮のあまり一緒にイッてしまったんですって。おかげで駅のトイレで汚れを落としたりしているうちに、すっかり会社に遅刻してしまいました。

実はあのあと、興奮冷めやらない私たちは、駅の個室トイレで、今度はセックスしていたんです。洋式便座に腰掛けた彼の上にまたがって、思いきりクリちゃんをこすりつけて楽しみました。私も彼も変わった場所でする性行為に異常に燃えてしまうみたいなんです。でも、二人して遅刻したから、会社の人への言い訳が大変でした。

それからというもの、私たちはすっかりチカンごっこがやみつきになり、毎朝のように車内で揉み合っています。もう、彼の指が入ってくる前に、いつも私はびちょびちょに濡れてしまいます。

先日は初めて立ったまま後ろから挿入されてしまいました。混んでいるからバレなかったとは思いますが、私はそのスリルにたちまちイッてしまったのです。

野村さんもだんだん大胆になってきてくれて、最近では私以外の女とエッチする気はなくなったと言ってました。

彼のチカン趣味に乗ることができたから、我が社の出世頭との結婚も夢ではないかもしれません。そんな玉の輿を得るため、私は毎日彼にあられもない姿で抱かれながら、痴漢電車に揺られているのです。

美少年から教えられたアナルの味
痛みを伴う感じが忘れられなくなって

篠原冴子　ＯＬ・二十六歳

私は商社に勤めるＯＬ。特にキャリア志向でもないので、気楽なＯＬ生活を満喫して三十近くなったら適当な相手と結婚しようと思っています。

結婚したらおとなしく専業主婦におさまるつもりだから、いまのうちにうんと好きなことをやっておこうと、海外旅行、グルメ、おしゃれ、そしてオトコにお金をつぎこんでいるんです。

まあ、ＯＬの中では給料とか有休とか、恵まれているほうだと思う。不況とはいえボーナスもけっこう出たし。だからちゃんと貯金もしながら、遊びにも使う、と。なにしろいまが花ですもの。

ＯＬになって六年目だからオトコ関係も、そりゃあ、ひと通りは経験しました。社内恋愛、不倫、年下の大学生ともつきあったし、アメリカ人の恋人がいたこともあったし、ひやかしでお見合いパーティーにも参加したっけ。

でもこのくらい普通じゃないかしら。都会のリッチなＯＬはもっと遊んでる子、いっぱいいるもの。私なんか地味なくらいだと思う。

その私がいま、凝っているのはゲイ。別に、〝おこげ〟ってわけじゃないんだけど、もう並みのいいオトコじゃ飽き足りないっていうのかしら。まだ経験していない分野がゲイだったわけ。

ゲイっていってもいろいろいるでしょ。ニューハーフのきれいなおネエさんから、毛むくじゃらのマッチョ、ハゲでデブなおじさんもいるし、見た目はごく普通の男性なのに話すとおネエ言葉だったり……ほんとにバラエティに富んでる。

でも私が狙っているのは、美少年。ゲイっていっても、その道一筋の人じゃなくて、要求があれば男とも女とも寝ます、みたいなウリセン少年。よく新宿二丁目のゲイバーにいるようなカワイイ男の子なんです。

で、ボーイフレンドの一人に頼んで二丁目のゲイバーにいっしょに行ってもらったの。まさか女同士で行くわけにもいかないから。でもホストクラブなんかより、ずっといい子がいるのよ。ホストクラブも一度、会社の先輩に連れていってもらったことあるけど、ああいうの、私は嫌い。ホストって何かわざとらしいし、玄人《くろうと》っぽくてキンピカで、オバサン好みの趣味なんだもの。

そこへいくとウリセンバーの男の子たちなんか、そこいらの専門学校へ通っているようなごくフツーで、ちょっとカワイイ子ばっかりだから、いいのよねえ。祐哉《ゆうや》っていう十九歳の男の子が、一目で気に入った。店ではあんまり指名がないらしくて、ヒマそうにしてた。気が弱そうで隅のほうにふてくされたような顔で、ぽつんと座ってた。指名がないもんだから、灰皿換えたりドリンク運んだり黙々と働いてるの。

ちょっと陰があってぶっきらぼうで、背が高くてひょろひょろしてる。オジサンたちには、明るくてニコニコして、小柄な男の子のほうが人気あるみたい。私は男友達に頼んで、祐哉を連れ出してもらったわ。女の私が彼を連れ出すのはちょっとまずいし、女とでもOKかどうか聞いてみなくちゃならないから。

三人で近くの喫茶店に入ったあと、男友達にはうまい口実を作ってもらって、すぐに帰ってもらい二人きりになったの。一対一になると、恥ずかしそうにうつむいちゃって、もうカワイイったらなかった。

私は思いきって彼をホテルに誘ってみた。もちろんオトコを『買う』なんて生まれて初めて。

「いいですよ。ボクは男でも女でも、動物以外なら誰とだって寝ますから」

むすっとした顔で祐哉は私の申し出を受けた。

「だけど、そんなにサービスを期待されても……」

「いいのよ、そんなこと気にしないで」

私のおもちゃになってくれさえすればいいんだから。十九歳の男の子の前で、まさか清純なふりなんかしない。

値段は泊まりで三万円。一晩中この子を独り占めにできるんだから、決して高くない金額だと思った。モトをとるために寝ないでもてあそぶわ……私ははりきってホテルに行きました。

男女のカップルだから普通のラブホテルに入れる。男同士だと、それ専門のホテルに行くみたいだけど。

シャワーを浴びて出てくると、祐哉はテレビを見てた。AVだった。強姦もので、男三人が一人の女の子をかわるがわる犯すって内容。主演の女優がけっこうかわいいし、体もキレイだし若いし、私、負けそう……で。

しばらく二人で見ていたら、私のほうが燃えてきちゃって彼をベッドに誘ったの。

「あの、ボク、前戯とか、うまくないですよ」

「いいから、気にしないで……私のおもちゃになってくれさえすればいいのよ。ちゃんとアレが大きくなって、使いものになれば……」

彼のバスローブの前を割ってやると、つやつやぴかぴかのハダカ。ううーん、祐哉って着痩せして見えるタイプで、思ったより男っぽい体格してた。うれしい予想はずれってやつだ。

なんて、きれいなカラダなのかしら。しばらく眺めて、さわっているだけでも十分だった。

少し前までつきあってた彼氏は、私より五つ年上の三十一だったから、祐哉とはひとまわりもちがうわけ。やっぱり男も若いほうがいい、全然ちがうもん、肌とか。

まあ、若くてもデブで不細工なヤツだっているけど、祐哉は上玉だ。

ところが、AVを見てたっていうのに、祐哉のソコはまだ普通のまんま。ちょっとがっかりだけど、ゲイだからしょうがないか、とか思いながら私は彼に『前戯』をしてやったの。

男にしてもらうのなんか珍しくも何ともないけど、自分からするのってけっこう興奮するってことに気がついた。

まず手始めに唇にキスしたんだけど、あんまり好きじゃないのか舌も入れてこない。だから首から胸に舌を滑らせて……。すべすべだから舐めがいのある肌。女の子みたいにきれい。

男同士って、どうやって愛撫するのかわからないけど、私は彼のおっぱいをそっと舐めてみた。男も女と同じように、舐められると感じるって何かで読んだような気がしたから。

するといままで身じろぎもしなかった祐哉にちょっと反応が。舌先で乳首をちろちろ舐めてやると、ひくっと体が小さく痙攣したの。

「んっ……」

「感じるの？」

「くすぐったいよ。でも気持ちいい」

「女と同じなのね」

アソコにも少し変化が現れたみたいなので、私は急いで唇を下にずらした。贅肉なんか少しもついていない平たいおなか。その下の黒い繁みの中からは……。

私はバスローブを脱ぎ捨てると、もう夢中で口に含んでしまった。まだ完全に大きくなりきってないところが、もうかわいくて。

(さ、お姉さんのお口の中で大きくしてあげましょ)

祐哉は神妙な顔で目をつぶって、すべてを私におまかせ。おとなしくされるままになっているのもよかった。

実際、私、フェラチオの最中にあれこれ注文つけてくる男って、大キライ。つけ根までしゃぶれだの、裏側を丁寧に舐めろだの、亀頭を吸ってほしいとか、あげくにボールのほうにもキスしろだとか。こんなキモチ悪いことしてあげてんだから、ガタガタ言うなっていうのよね。

その点、祐哉はよかった。かたく目をつぶって眉間に皺を寄せながら、ときどき、「うっ、うっ」とせつない声をあげるの。かっわいーい。

若い彼のモノはたちまち力をつけて、私の口いっぱいの大きさに膨れ上がったわ。

「んぐっ、んぐっ……おいしい」

コリコリした感触で、大きいの。口から抜き出して、唾液でてらてら光ったソレをほれぼれ見つめちゃった。色艶もよくて、サイズも形も理想的。

(早く入れてほしい……でもまだいじりたい。ずっとずっと、何時間でもしゃぶっていたい。この子の出した精液なら、飲んじゃってもいいくらい。甘くて美味しそうな感じがするから)

私は夢中でほおばって、ぺろぺろと舌を使って舐め上げたり、吸いこんだりした。

ときどき彼のペニスをおっぱいに擦りつけて、先っちょの裂け目を乳首でこちょこちょしてやると、祐哉は感じるのか頭をのけ反らせちゃって。

ううっ、カワイイ子がイキたいのをがまんしてる顔って、たまらなくセクシーで、そのままアレをかじりたくなっちゃった。でも私にだって気持ちよくなる権利はある。

「ね、入れちゃうわよ」

むずっと手でつかんでから、祐哉の上に馬乗りになってずぶずぶと腰を沈めた。

私のアソコはしゃぶっている最中からヌレヌレの状態で、ジュースが滴《したた》りそうなぐらい。

何の抵抗もなくすっぽりと、祐哉のアレは私の体内に収まったわ。ゴツゴツしていい感じだった。

ゆっくりお尻を上下させると、カリが引っかかるみたいで気持ちいい。今度は腰をぐいぐい回すようにグラインドしてみると、それもなかなかいい。

「あっ、ああ～～ん、いいわあ」

見ると祐哉は私の下で、目をつぶったまま唇を半開きにしている。んもう、たまんなくかわいい。がまんできないから、べちょべちょキスしちゃった。

すると彼は私の胸にそっと手を伸ばして、おっぱいをまさぐってきた。それまで触りもしなかったけど、実は私の胸、けっこう自慢なの。別に巨乳ってわけじゃないけど、形はいいしボディがスリムな割りにはしっかりあるほうだと思う。普通の男はこの胸を見ただけですぐに興奮して、触ったりキスしてくるんだけどね。

さすがの祐哉も気分が盛り上がってきたのか、両手で胸を揉み始めた。

「吸って……」

乳房を顔の前に突き出してやると、ちゃんと乳首に吸いついてくれる。でも言われるままにしているだけで、あんまり気が入ってないみたい。ただ口に含んでいるだけっていう感じで。

もっとちゃんと吸ったり、舌で乳首を転がしたりしてほしいんだけど……それでもこんなに若くてかわいい男の子に吸われて、お姉さんは夢心地だった。

「女とするのも悪くはないでしょ」

お尻を激しく振りながら、聞いてみた。祐哉は目をつぶったまま小さくうなずいたわ。

アソコの中は、あたたかくてぬめぬめして適度な圧迫があって、絶対気持ちいいと思うんだけど、祐哉は男とばっかりやってるから、女とのやり方を忘れてるだけよ。

そう、すぐに女のよさを思い出すわ。私はそう信じていた。

「ねえ、後ろからしていい？」

祐哉が薄目を開けて私に聞いた。うっとりした表情に思わずドキッとした。

「いいわよ。バックでするのが好きなのね」

祐哉がしたいことなら、何だってしてあげちゃう。それで彼が奮起するなら、逆立ちだってしてもいい。

私は自分から四つん這いのポーズになった。実は私もこのスタイル、嫌いじゃない。とっても卑猥《ひわい》な感じがするし、自慢のヒップも見せてあげられる。

祐哉の顔が見えないのが残念だけど、後ろからいやらしいことされてると思うだけでゾクゾクしてきちゃう。

「きて……」

お尻を高々と突き出して、彼が入ってくるのを待った。バックってけっこうきくから好き。

それに後ろからのほうが締まりがよくなるっていうから、彼もがんばってくれるはず。

思いっきり後ろから突いてきてほしい……めちゃくちゃになるまで、アソコが裂けそうなぐらい激しくピストンされたい。私はわくわくしてジュースがあふれてきそうだった。

そこへ鋭い一撃。でもちがってた。

「いやっ、いやあ〜〜、ソコじゃない」

私は思わず叫んでしまった。まるで電流が走ったような痛みが全身をかけめぐる。

「痛い、痛いわよ」

何と彼のひと挿しはアナルだったの。

体重をかけて押しこむものだから、私がいくら拒《こば》んでもぐいぐい入りこんでくる。

先っぽだけでも泣きそうなぐらい痛いのに、潤滑油もなしに強引に侵入してきておまけに腰を使うものだから、出し入れのたびに死にそうなほどの苦痛があった。

「やだ、やだ。抜いてよ。ソコじゃないって」

いくら頼んでも祐哉はやめようとはしない。

「ボク、これじゃないとイカないんだよ」

(ゲイの男の子だからやっぱりアナルでないと快感が得られないのかもしれない。私のアソコじゃまだ緩いのかしら。ノーマルな男は、私のアソコがよく締まるって感心してくれるのに。でもしょうがないか。祐哉がゲイっていうのは最初から承知していたんだもの)

私は必死でがまんして耐えた。私にとっては苦痛だけど、祐哉が気持ちいいなら嬉しいと思ったから。

「お姉さん、アナルセックスは初めて?」

「ええ、生まれて初めて」

私は息もたえだえにようやく言葉を吐いた。あまりの痛みで目の前が白っぽくかすんできた。

「ごめん。じゃあ、ローションとか使えばよかったね」

「それ使うと痛くないの?」

「滑りがよくなるんだ」

滑りなら、私のアソコから天然のローションがたっぷりと湧き出てるっていうのに……ああ、もったいないって思った。

「ゲイバーの男を買うぐらいだから、てっきりアナルが好きなんだと思ってた」

「こう見えても、けっこうノーマルなのよ、私……ううっ、そんなに動かさないで。腸が破けそうよ」

私がヒイヒイ呻いているっていうのに、祐哉はいっこうに抜こうとはしない。

「ねえ、もう限界よ」

「わかった」

祐哉はアナルから抜いてくれた。

彼をいかせた後、私たち二人はしばしの休息をとった。でもそのまま彼を寝かせたりはしない。何しろお金で買ったんだもの。元をとるまでもてあそぶんだ。

寝息をたてている彼のモノをいきなりパクリ。まだ縮こまっているうちから口に含んで大きくしてやることにした。若いからたちまちむくむく膨らんできておもしろいぐらいだった。

二度目はお尻が痛くてたまらないから、挿入はナシで手と口でいかせちゃった。イクときの顔がまた、たまらなくいいんだわ。

精液が一滴も出なくなるまで何度もいかせたかったけど、結局四回で祐哉がダウン。久しぶりに女が相手だから、調子が狂っちゃったみたい。体調がよければ一晩に六回ぐらい平気でいけるらしいけど。

だけど、あんなに痛がってた私なのに、三回戦からは自分からアナルをねだる始末で、あの緊張感が忘れられなくて、今度はかげんしながらゆっくり少しずつ入れてもらった。洗面所にあった乳液を使ったら、痛みもやわらいだし。

帰るときにチップを五千円あげたの。アナルセックスを教えてくれたお礼にね。それからまたお店に行く約束もしたわ。

今度行くまでに、お尻のほうを鍛えておこうと思って、いまでは、アナル用のバイブで励んでる。今度ボーイフレンドとするときも、アナルをねだっちゃおうかしら、なんて。

だんだんヤミツキになってくるみたいでちょっと怖いけど、でもあんなにカワイイ男の子を自分のものにできるんだったらやめられない。

私自身の肉体的な快感は少ないけど、彼を自分のものにしているっていう征服感がいい。それもホストみたいにただ奉仕させるんじゃつまらない。私、それほど男に飢えていないもの。ゲイの少年をおもちゃにする……やっぱりこれ。

それに、オジサンに買われたとき、どんなことするのかくわしく聞き出すのもおもしろかった。かわいい男の子と裸でベッドに入っていやらしい話を聞くのって、けっこう楽しいのよね。彼だって、しつこいハゲおやじの相手するより、同じお金もらうなら私みたいな若い女と寝るほうがずっとマシだと思うわ。

ノーマルなセックスだけでは物足りなくなっていた私には、ちょうどいい刺激だった。

そう、いまやアッパーな〇Lは、ゲイ少年と遊ぶのがトレンディなの……。

宿泊客と浮気する夫へのあてつけに若者の肉体をむさぼって……

長沢章子　ペンション経営・三十三歳

若い男の子の体ってなんて素晴らしいんでしょう。あの、贅肉ひとつついていない華奢《きやしや》な体。それでいて、勃起するとお腹にピタッとついてしまうほど元気なペニス。それに、爆発すると勢いよく私の体の奥を直撃する活きのいいエキス。どれをとっても夫にはないものばかりです。

私、お恥ずかしい話なんですが、いま、そんな若い男の子の体にぞっこんなんです。それも不特定多数の高校生が相手なんです。

こんなことを書くと私がとても淫乱な女のように思われてしまうかもしれません。いまとなっては、それは否定しません。それでも、結婚前はともかく結婚してからは、私は一応貞淑な妻として八年間浮気ひとつせず、夫ひと筋に家業を手伝ってきたのです。それに、自分でもこんなにセックスにのめり込むとは思ってもいませんでした。

そんな私がすっかり変わってしまい、若い男の子の体にぞっこんになってしまったのは、一年前のある夜がきっかけでした。

私たち夫婦が長野県のスキー場でスキーロッジを始めたのは、結婚して間もなくのころで、かれこれ九年前です。最初のうちは、夫婦二人で無我夢中でやってきたのですが、最近は夏場はペンションとしても順調にお客が増えて、少しゆとりが出てきたのです。

仕事に余裕が出てくると、今度は別の心配がわいてきました。というのは、私の夫のことなんです。

妻の私が言うのも変なんですが、私の夫は無類の女好き、病気といってもいいほどの好き者なんです。私と結婚する前など、私の知っているだけでも夫と関係した女性は両手両足の指の数では到底足りないほどでした。

そんな男とどうして一緒になったのかと言われるとひと言もないんですが、結婚すれば夫も変わってくれると思っていたのです。

実際、結婚して間もなく、脱サラして慣れないスキーロッジの経営の仕事を始めた夫は、仕事、仕事に明け暮れる毎日で、女遊びどころではない様子でした。私はそんな夫を見て、私と結婚したことで変わったのだと思い安心していたのです。

その夫の様子が変だと感じ始めたのは一年ぐらい前からです。私が求めると必ず応じてくれていた夫が、二度に一度は、私が手をのばしても狸寝入りをして応じてくれないようになったのです。

それに、夜中にふと目がさめると、隣で寝ているはずの夫の姿がなかったということもしばしばありました。私が聞くと、トイレに行っていたとか、客室のほうで音がしたので見にいっていたとか、その都度言い訳をするのですが、そんなときは妙によそよそしいのです。女の直感というのでしょうか、そのころから私の脳裏に疑念がわき上がり、それがどんどん膨らんでいったのです。

夏場のペンションにしても冬のスキーロッジにしても、アベックも多いのですが、それにも増して若い女性だけのグループも多いのです。まさか昨日今日出会ったばかりのお客さんと夫が……。私の疑念は増すばかりでした。それに、夫が相手をしてくれないという欲求不満も高じて、私は悶々《もんもん》とした日々を送っていたのです。

その夜、私がふと目をさますとまたもや夫の姿が見えません。しかし、私はそのとき、ほっと胸をなで下ろしたのです。

というのも、その日は夏休み前のウィークデーだったので、学校の試験休みを利用してやってきたという高校生の男女四人のグループしか泊まっていなかったのです。私には、夫が高校生と、まして男女のグループで来ている彼らの中の一人と間違いを起こすなどとは考えられなかったのです。

ということは、これまでちょくちょく夜中にいなくなったのも、私が考えていたようなことではなく、何か別の理由があったのに違いない。私は夫を疑ったことを恥じる気持ちで夫の帰りを待ちました。

それにしても何をしているのだろう。なかなか帰ってこない夫を、じっとベッドに横たわって待つ間、私の頭の中にまたまた疑念がわいてきたのです。まさか……私の胸の中を不安がよぎりました。事もあろうに女子高生と……？

私の足は自然と客室へと続く階段に向かっていました。そして、静まり返った廊下づたいに空いているはずの部屋の前まできたとき、私の足はそこに釘づけになってしまったのです。

「ああっ、いやぁん」

なんと、中から女の声が洩れてくるではないですか。それも、あのグループの中の一人の、聞き覚えのある声です。四人の中でひときわ大人びていた子で、高校生というのにOLのような感じがしたのを覚えていました。

「うふふっ、おじさんもすけべねぇ」

おじさん……！　やはり不安は的中してしまったのです。まだ三十代といっても、高校生からしてみれば夫はれっきとしたおじさんです。中でどんなことが行われているかは容易に想像できました。

そういえば、夕食が終わってからグループの一人がその女の子を探しにきたのを思い出しました。そのときに限っていつも厨房にいる夫の姿も見えなかったのです。あのときさっと……私の脳裏に夫が彼女を口説いている姿が浮かんできたものです。

「ああっ、変になっちゃううぅ」

彼女の声が一段とせっぱつまった感じで響いてきます。私の心臓の鼓動だけが静まり返った空間にドクン、ドクンといやに大きく聞こえてきます。

と、そのときです。廊下の窓の外に何か動くものがあったのです。

それまで私は部屋の中のことにばかり気をとられていたのですが、確かに窓の外に何かいるようです。私は急に不安になってきました。泥棒？　なんだろう。

そぉっと音をたてないように窓のところまで行き、外を見てみました。すると、なんと高校生のグループの中の男の子が一人で、夫と彼女がいる部屋の窓から中を覗いているではないですか。

私は、相手が泊まり客だということがわかって少し安心しました。彼も私と同じように、仲間の女の子の後をつけてきたのでしょう。もしかすると、彼女の恋人なのかもしれません。

月明かりで見ると、窓の中を覗いている男の子の片手は自らの股間にのびています。

何をしているのかしら。

私は、夫のことが気になりつつも、じっとその男の子を観察しました。うまいぐあいに彼は私のことに気づいてはいない様子です。

男の子の右手はせわしなく股間で動いています。なんと彼は私の夫と彼らの仲間の女の子の情事を見ながらオナニーをしていたのです。

私は、夫に腹を立てたのはもちろんですが、それにも増してその男の子にも腹が立ってきました。事もあろうに、私の夫の情事を見ながらオナニーをするなんて……。

ようし、ちょっとからかってやれ。私は、そんなことを考えながら、その場を後にしたのです。それは、そこを立ち去るきっかけをつかんだということもあるのですが、夫に裏切られた怒りを何かにぶつけたかったという気持ちも大きかったのです。

私は、そっとその場を離れ、廊下のはずれにある非常口から外に出ました。そして、彼に気づかれないように近づいていきました。

相変わらず男の子の右手は股間のモノを握りしめながら前にも増して小刻みに動いています。近づくと彼の荒い息づかいも聞こえてきました。

「ちょっと、何してるの？」

部屋の中に聞こえないように小声で言ったのですが、それでもすぐそばから不意をつかれた男の子は、私を振り返るなりその場に尻もちをついてしまったのです。そしてその瞬間、私の顔めがけて彼の生温かいエキスが飛び出しました。

不意をつかれたのは私も同じでした。まさか、そんなところで男の精液の洗礼を受けるとは思ってもいませんでしたから。

鳩が豆鉄砲をくらったような表情をしていた男の子は、しばらくして、私がこの人間だとわかると恥ずかしそうにうつむいてしまいました。

あらっ、案外かわいいところがあるじゃない。

私はいまどきの高校生といえば、すっかりスレちゃっているから、どんな反撃があるかと身構えていたのですが、いきなりおとなしくうなだれてしまって、ちょっと拍子抜けという感じでした。

私の目は、放出した後も勢いをなくすどころかドクドクと脈打っている彼のモノに釘づけになってしまいました。それに、久しぶりに嗅いだあの生臭いようなムッとした匂いに、私の理性も弾けてしまったのかもしれません。

「ちょっと来なさいよ」

私は顔に飛び散った彼のエキスを拭うのも忘れて、彼の腕をつかむと、夫がいる部屋とは反対側の棟の中にある空き部屋のひとつに彼を引っ張っていったのです。彼はずり下げたズボンを直しながらおとなしくついてきました。

明かりをつけると外に洩れてしまうので、私は部屋に入ると窓のカーテンを開けて月明かりを入れました。きっと夫もそうしたのでしょう。それで外から覗けたのだということがそのときわかりました。

「彼女のこと好きだったの？」

「いや、あいつはもう一人のやつの彼女だから関係ないよ」

そのころには、さっきの緊張した態度も和らぎ、彼は昼間見せていたふてくされたような感じに戻っています。彼は、夜中にトイレに行こうと部屋を出ると、廊下で夫と彼女がなにやら話し込んでいるところを見てしまったと言います。こんな時間に何をしているのだろうと、ただならぬ雰囲気を感じて彼がそっと物陰から窺っていると、二人は絡み合うようにしながら部屋の中に消えていったのだそうです。

彼はなんとか部屋の中を見ようと、外に出て窓越しに覗いていたところを私に見つかったのです。

「したかったの？」

彼は黙っています。

「したかったから見てたんでしょう」

私の声はうわずっていたようです。さらに、自分の言葉に触発されたように、私は彼の側にいき、そっと彼の手を私の胸に導いたのです。私はそのときパジャマの上にガウンを羽織っただけの姿でした。厚手の布地を通して震えているような彼の手の感触が私のバストに伝わってきました。

彼は再び凍りついたように、私の顔を見つめています。

「私じゃぁ、いや？」

それまでの私では考えられないような大胆な言葉がポンポンと口をついて出てきます。

彼の手は私の胸に置かれたまま微動だにしません。さらに私は、自分でも信じられないような行動に出たのです。

私はそっと彼の股間に触れてみました。その瞬間、彼はピクッと体を震わせました。

「こんなになっちゃってるじゃない」

彼のその部分は、ズボンの上からでもわかるほどカチンカチンに硬くなって反り返っていたのです。そして、私は胸に置かれている手のもう片方の手をガウンの中に導いていったのです。

パジャマの上から彼の指が私の股間に触れてきました。

「おばさん、おれ……」

そのときです、それまで微動だにしなかった彼が私のガウンに手をかけてがむしゃらに脱がせようとしてきたのです。

「ちょっと、ちょっと待ってよ……だめよ、そんなにあせっちゃ」

私が彼の体をはねのけると、意外とすんなり彼は私の体から離れました。

「女はせっかちな男は嫌いなものよ、優しく脱がせて」

なぜか私は気分が高揚してウキウキしていました。それは、主導権を握ったことで母性本能が刺激されたからかもしれません。

彼は震える手で私の体からガウンを脱がせ、そしてパジャマも取ってしまったのです。

「これもとってよ」

私は背中を向けてブラジャーのホックをはずすように促します。彼は慣れないためか、なかなかはずせません。

ようやくブラジャーのホックがはずれ、自分で言うのも変ですが、子どもを産んだことのない自慢のバストが飛び出してきました。

「ねえ、乳首を吸って」

彼は何かに弾かれたように私のバストに唇を押しつけてきます。それでも、おそるおそる乳首を吸っている感触がなぜかとても新鮮な快感に思えたものでした。

そうしながら私は彼のズボンのベルトをゆるめ、ジッパーを下ろしたのです。ズボンがスルスルと彼の体から落ち、純白のブリーフがあらわれました。その中心部をさっき爆発したばかりのペニスが再び勢いを盛り返してもっこりと持ち上げています。

私はさらにそのブリーフも脱がせました。その拍子に機械じかけのように反り返ったペニスが飛び出してきました。

いまにも爆発しそうな彼のペニスの先端からは、先走りのエキスが滲んでいたのです。私は彼の若さに圧倒されながら、夫では味わえない硬さを手のひらで確かめていました。

「さあ、今度は私のパンティも脱がせて、女に脱がさせるものじゃないわよ」

すでにパジャマのズボンはなく、私の下半身は、今夜お風呂から上がったときに穿き替えたベージュ色のパンティだけで覆われていました。

私はベッドに体を横たえて、そっと彼を抱きしめました。すると彼は私の唇をむさぼるように吸い始め、そして、薄めのヘアに覆われた股間の奥へ指を差し入れてきたのです。

「ああっ、せっかちねぇ、だめよぉ」

でもそのときの私は本当にいやがってはいませんでした。がさつとも言える彼の振る舞いに何か新鮮なものを感じて、体のほうはとても燃えていたのです。それに、私がああしてと言えば素直に従う男の子がとてもかわいらしく思えたのです。

私は手を彼のペニスにのばし、柔らかく握りました。そこからは彼の脈動がドクンドクンと伝わってきました。

「ああっ、こんなに元気なの？　……早くちょうだいっ、これを早く入れてっ」

私は思わず彼のモノを握りながら言ってしまったのです。

彼の体が私の両足の間に割り込んできて、猛《たけ》ったペニスを私の股間に押し当てます。

「あせっちゃだめ、ゆっくりね」

私は彼のペニスに手をそえ、少し腰を浮かすようにしながら自らの中へ導いていきました。

その瞬間、体に電流が走るような衝撃を感じたのです。すごいっ、すごく硬いっ。

そう思った瞬間、私は気の遠くなるような感じに襲われました。

「ああっ、いいっ、そのまま突いてっ」

私の言葉に促されるように、彼はやみくもに腰を突き立てます。さっき一度放出しているので、すぐイッてしまうということはありませんでした。

「ああっ、そこよ」

彼が腰を動かすたびに、私の粘膜が彼の太いペニスにからみついていくのです。その部分からは律動のたびにとめどなく愛液があふれてきます。

「だめだっ、出ちゃうっ」

「いいのよ、我慢しなくていいのよ、そのままイッてっ」

私の腰の上で動いていた彼の体が一瞬ケイレンした瞬間、私の体の奥深くで彼のペニスが爆発したのです。

「ああっ、イッくぅっ」

その瞬間私も絶頂に達したのでした。

それは夫への腹いせもあったかもしれません。しかし、そのときの私が若い男の子のパワーに圧倒されていたのも本当です。パワフルな反面、私の言うがままに動くかわいい子。それが私にはたまらなかったのです。

それからというもの、私は夫の目を盗んでは宿泊客の中から若い男の子に目星をつけて、夜な夜なその肉体をむさぼり、熟れた女の性を教えてあげています。仲よくなった男の子と、時には少し離れたホテルに行くこともあります。「買い物を手伝ってもらうの」という私の言葉を夫はゆめゆめ疑ってはいないようです。そこで、私は思いっきり大きな声を上げてのたうちまわるのです。

私は夫の行動に目くじらをたてることもなくなりました。でも、お客様を見送る朝、片や夫と、片や私と関係を持ったグループの面々が笑顔で挨拶する光景は、事情を知っているものにとっては恐ろしい光景かもしれませんね。

女子大生四人組に取り囲まれた僕は胸を揉まされ、股間をいじられ……

鈴木満　高校生・十六歳

僕は痴漢をしたことがありません。したいと思ったことはありますが、その欲望を実際に行動に移すほどの勇気がないのです。

ただ、僕は痴漢をされたことはあるのです。といっても、ホモっぽい人に触れたというのではありません。ちゃんとした女の人に触られたのです。

あれは、学校からの帰りに電車に乗っていたときのことでした。車内は結構混んでいて、僕はずっとドアの近くに立っていたのです。その女子大生たちが乗り込んできたのは、僕が乗ってから二つ目の停車駅でした。

女子大生のお姉さんたちは、四人組でした。服装はごく普通の感じでしたが、髪はみんなショートカットで、いかにも体育会系という感じでした。

混んでいたので、女子大生たちと僕は連結器のところまで押し込まれてしまい、ちょうど連結器の真ん中に立つことになってしまいました。あまりギュウギュウ詰めにされなかったのはよかったのですが、結果としてその女子大生たちに取り囲まれるような形になってしまったのです。体育会系の雰囲気でしたが、そのお姉さんたちは怖そうな感じではありませんでした。でも、なんだかひどく居心地が悪かったのを覚えています。

電車が動きだすと、そのお姉さんたちは互いに何かを相談しながら、ジロジロと僕を見てきました。僕はそれほど背が低いわけではないのですが、そのお姉さんたちはみんな背が高く、見下ろしてくるような感じでした。

目の前に立っていたのは、二人でした。あとの二人は、連結器の前後を固めているような雰囲気でした。まさに、どこにも逃げようがないという感じだったのです。もっとも、逃げようにも混んでいて身動きがとれないだろうし、怖い人たちに囲まれているわけではないので逃げる必要もないのでしょうけど。

すぐ目の前の二人は、ショートカットが似合う健康的な感じのかなりの美人でした。一人は英文字のプリントが入った赤いTシャツにGパン、もう一人は白いミニのタイトスカートに、紺色のポロシャツという格好をしていました。みんな大きなスポーツバッグを持っています。そんなお姉さんたちに囲まれるというのはなんだか不思議な気分でした。それに二人とも胸が結構大きくて、目のやり場に困ってしまいました。

「ねえねえ、君、どこ見てるのかな？」

いきなり声をかけてきたのは、紺色のポロシャツを着た人でした。僕が目のやり場に困ってドキドキしていたのに気づいたらしいのです。

「えっ、別に、なんでもありません」

紺色のポロシャツを着た女子大生は、二重瞼《ふたえまぶた》でぱっちりとした目が印象的な人でした。体育会系のせいか、化粧っ気はまったくありません。口紅すら塗ってないくらいでしたが、それでもそんなに違和感は感じませんでした。

「いまどこ見てたのかな。胸見てたでしょ？　それとも太腿かな？」

赤いTシャツの女子大生の口調は、ちょっときつい感じがしました。

「えっ、そんな……」

体育会系の女子大生に囲まれたうえに、いきなり声をかけられてしまった僕は、すっかり動揺していました。このままいくと、痴漢の疑いをかけられかねないとは思ったのですが、緊張してしまってうまく言葉が出てこないのです。

「あんたまだ高校生だろ？　いけないなあ、女の胸に気をとられてちゃ。そんなことより、勉強しなくちゃダメなんじゃないの？」

「触りたいなら触りたいってはっきり言ってみたら？」

からかうような感じで言ってくるのです。

「べ、別に僕はそんな……」

その女子大生のお姉さんたちに囲まれるように立っているので、僕のことは誰も気づいていないようでした。僕をいたぶってきたのは赤いTシャツの人と紺のポロシャツの人で、あとの二人は明らかに見張りでした。

「触りたいんでしょ？　だったら触ってみなさいよ。君、男なんだから」

「そんなこと言われても……」

触りたいのはやまやまでした。それまで、僕はまだ女の人の胸を触ったことがなかったのです。ボタンのはずれたポロシャツから見える肌と、くっきりとした谷間は、正直言って魅力的でした。ただ、いきなり触ってもいいと言われても、戸惑うばかりでした。

「ほら、高校生らしくもっと素直になりなさいよ」

紺のポロシャツを着た女の人は、いきなり僕の手首をつかんで、自分の胸にあててきたのです。驚きました。

「逃げたら大声だすからね。そうしたら、君、痴漢とみなされちゃうわよ」

囁くように言ってくるのです。僕は驚きのあまり、声も出ませんでした。ただ、手のひらに伝わってくるおっぱいの感触は最高でした。ポロシャツの上からでしたが、マシュマロみたいな柔らかさがはっきりとわかりました。

「触らせてもらって、嬉しいでしょう？　ちゃんと感謝しなくちゃダメよ」

紺色のポロシャツの人は、うっとりと目を閉じています。どうしていいのかわかりませんでしたが、僕の目はそのお姉さんの胸を揉まされている自分の手に釘づけになっていました。

「あんた、女の人の胸を触るの初めてなの？　どうやって揉んだらいいか、自分で考えてみなさいよ」

「えっ、でも……」

赤いTシャツを着たお姉さんは、からかうような口調で言ってきました。紺色のポロシャツの人は、それに同調するように、僕の手を握るのをやめたのです。

「ほら、自分でやってみてごらん。離したら、痴漢で訴えるからね」

そう言われても、僕はどうしていいのかわかりませんでした。僕がもじもじしていると、四人のお姉さんたちはくすくすと笑うのです。悔しかったけれど、仕方ありませんでした。

「童貞君には無理よね」

「そうよ、あんまりいじめちゃかわいそうじゃない」

勝手なことばかり言っているので、頭にきた僕は、やみくもに紺色のポロシャツを着ている人の胸を揉みました。ちょっと気を許すと、電車が揺れて身体のバランスを崩しそうになるのですが、気づいたときには柔らかくて弾力性のある胸の感触に、僕は夢中になっていました。

「あらあら、ずいぶんと一所懸命やってくれてるみたいじゃない。どう、感じる？」

「ぜーんぜんダメ。やっぱり高校生の童貞君にはまだまだ女は早いかもね」

「うぅっ……」

「悔しい？」

僕の顔を覗き込むように、そう訊いてくるのです。吐息がかかるくらい顔を近づけられて、僕はドギマギしました。甘酸っぱい匂いが鼻をくすぐってきて、クラクラしそうでした。

「嬉しくて何にも言えないんだ。じゃあ、罰を与えてあげようかな。あんたは痴漢してきたんだから、文句は言えないはずよ」

「ちょっ――」

赤いTシャツのお姉さんは、いきなり僕の股間を触ってきたのです。びっくりしました。僕はそのとき、少し勃起していたのです。

「あらら、ちょっと大きくなってるみたいじゃない」

「そ、そんなわけない……」

「そうかなあ?」

逃げることはできませんでした。いくら女の人とはいえ、連結器の部分で四人に囲まれていては、どうすることもできません。周りの人たちも、見張りに遮られて全然気づいていないようでした。

「やめてくれっ」

僕は小さく叫びました。でも、赤いTシャツのお姉さんはそんなことなどまるで気にする様子もなく、学生服のズボンのチャックをそっと下ろしてきたのです。

「ほらほら、やっぱり大きくなってるじゃない。何なのよ、これは」

「ううっ……」

赤いTシャツのお姉さんの手つきは、とても素早いものでした。あっという間にチャックを下ろしてしまうと、ブリーフの間から僕のペニスを摘《つま》み出してしまったのです。

僕はひどく狼狽《ろうばい》しました。いくら連結器の部分とはいっても、誰かに見られたら最後です。電車内でペニスを露出させていたら、まず間違いなく変態扱いです。四人の女子大生は被害者のふりをするでしょう。それを考えると、とても怖くなりました。

「ほら、手がおろそかになってるわよ」

紺のポロシャツを着たお姉さんが、僕の手を握って胸を揉ませてきます。苦しいやら、気持ちいいやらで、とても複雑な気分でした。

「ほーら、ますます大きくなってきた。気持ちいいんでしょう?」

「はうっ」

赤いTシャツのお姉さんは、身体を密着させるようにして、僕のペニスを触ってきます。指先が絡みつくように動いてきたかと思うと、手を筒のようにしてペニスをしごいてくるのです。気がついたときには、僕のペニスはビンビンに勃起していました。

「困るよ、こんなの困る」

「ここでやめたら困るのは、あんたのほうでしょ。勃起させたまま、街を歩くつもりなの？」

「そ、それは……」

「だったら、おとなしくしてればいいのよ」

ペニスは意志に反してどんどん大きくなっていってしまいました。すごく巧みな動きでペニスをしごいてくるのですから、たまりません。でも、オナニーでもあんなに気持ちよかったことはありませんでした。

「見て見て、こいつこんなに大きくしてるよ」

「うわあっ、かわいい顔してるくせに、ここだけはもう立派なオトナなんだね。ダメだよ、オナニーばっかしてちゃ。エロ本ばっかり読んでないで、教科書読まなきゃね」

四人のお姉さんたちはくすくすと嘲笑するように、僕のペニスを覗き込んできました。みんな小さな声で囁くように会話しているので、周りの人は気づく気配もありません。

「ううっ」

「どう？　気持ちいいでしょう」

四人のお姉さんたちは、まるで僕の反応を楽しんでいるかのようでした。くすくす笑われて悔しかったのですが、快感には勝てませんでした。背筋に電流が走ったかと思うくらいに気持ちよかったのです。

「ほら、自分ばっかり気持ちよくなってないで、こっちも触ってみてよ」

紺色のポロシャツのお姉さんは、僕の左手をとって、自分のタイトスカートの中に導きました。もちろん、右手は胸を揉まされたままです。

「自分のやりたいようにやってみなさいよ」

「えっ、そんなこと言われたって……」

タイトスカートの中は、熱気でムンムンしているようでした。パンティに手が触れると、お姉さんはピクッと反応するのです。僕は吸い寄せられるように自分からパンティのわきを少しめくって、お姉さんのアソコを触っていたのです。

「せっかちねえ。もう少しゆっくりやらないと、女の子に嫌われちゃうわよ」

「あはは。そんなにせっかちなの？」

「そうなのよ、もう困っちゃうくらい」

お姉さんたちは、僕を嘲笑するように小声で会話をしています。僕は必死で自分を抑えようとするのですが、ペニスをしごかれて、両手には女の人の胸とアソコという状況でしたから、興奮はおさまりませんでした。

紺色のポロシャツのお姉さんのアソコは、ちょっと湿っているような感じがしました。パンティのわきから触れたそこは、柔らかくて、ヌメヌメとした感触だったのです。

「最初から指を入れようとしちゃダメ。あんただってこうされたら困るでしょ」

「あううっ」

いきなりすごい速さでペニスをしごかれて、僕は思わずくぐもった悲鳴をあげました。どうやら、僕がアソコの穴に指を入れようとしたことに対する仕返しのようでした。

「いい、こうやってゆっくり入れるのよ」

紺色のポロシャツのお姉さんに導かれるように指を入れさせてもらったアソコは、すごい締めつけでした。柔らかい肉が絡みついてくるような感触も最高でした。本当に指が溶けてしまうのではないかと思ったくらいです。

「どう？　少しは上手になったみたい？」

「ううん、まだダメ。やっぱり童貞君には無理よね」

自分が情けなくて思わず唇を噛まずにはいられませんでしたが、こんないい思いをさせてもらっただけでも、もうけものなのかもしれません。

ただ、紺色のポロシャツのお姉さんは少しは感じているようでした。電車が揺れて微妙な振動が伝わるせいなのかわかりませんが、ときどき背中をそらして天井を見つめているのです。たとえほんの少しでも、女子大生のお姉さんを感じさせることができるなんて、夢のようでした。

「ねえ、そろそろ駅に着くみたいだから、終わらせちゃわない？」

「そうよね。さっさといかせちゃおうか」

連結器のところにいたので、よくわかりませんでしたが、たしかに電車は駅に近づきつつあるようでした。

赤いTシャツを着たお姉さんは、猛烈な勢いで僕のペニスをしごいてきました。玉袋を片手で握り、もう片方の手はペニス全体を包み込むようにして往復させてくるのです。

「いきそう？　はやくいかないと、駅に着いちゃうわよ」

「あううっ、出る、出ちゃうよ」

周りのお姉さんたちは、見張りをするのも忘れて、僕のペニスを見つめてきます。僕のペニスはビクンビクンと脈打って、いまにも爆発しそうでした。電車の中で射精するなんてとんでもないとは思いましたが、快感には勝てませんでした。

「だめだっ、いくっ」

「はやくはやく、ティッシュ、ティッシュ」

僕が射精を告げると、紺色のポロシャツを着たお姉さんが素早くティッシュを渡してきました。そして情けないことに、電車の連結器のところに立ったまま果ててしまったのです。

「こんなにたくさん出しちゃって、気持ちよかったあ？」

「えっ……」

四人のお姉さんたちはくすくす笑っています。ティッシュの中の精液を確認して、僕のことをからかってくるのです。とても恥ずかしかったのですが、あまりの気持ちよさに、僕はしばらくボーッとしていました。

「じゃ、またね。オナニーばっかしてないで、ちゃんと勉強しなくちゃダメよ」

電車が減速して駅に着くと、四人組のお姉さんたちはさっさと降りていってしまいました。何がどうなっているのかよくわからなかった僕は、慌ててペニスをズボンの中にしまい、平静を装《よそお》うので精一杯でした。

あれから電車に乗るたびに、あの女子大生のお姉さんたちを探すのですが、なかなか会えません。女の人に痴漢されて果ててしまうなんて自分でも変だと思うのですが、あのお姉さんたちの指の感触が忘れられないのです。僕はいまでもあの指の感触を思い出してオナニーしています。

ママの指先に先端から根元を撫で回され あやしい気持ちよさが下半身に

谷中雅広　会社員・二十八歳

この間も、新宿駅の階段で、すぐ目の前をのぼっていた女の人の後ろ姿に見とれ、東口改札を出たあと、しばらく後をついていってしまった。

ときどき、そんなことをしてしまう。マズイ、とは思うけれど、でもどうしても我慢できなくなるのだ。といっても、相手は若い女性ではない。僕のママを思い出させるような人、ママに似た後ろ姿の女性なのだ。

最近の女の子が一番嫌うのは「マザコン男」なんだそうだ。

雑誌なんかのこのテの特集とか読むと、「私の彼氏はしょっちゅう母親に電話してるし、何か決めるときにいちいち母親の意見を聞いて、その言いなりになるんです。もう最低」みたいなことを言う女の子が出てくる。僕はべつにマザコンじゃないけど、こういうことを言う女の子って、本当にバカに思えてしょうがない。話は簡単だ。その男にとって、恋人よりも母親のほうが女として魅力的だというだけなのだ。だからこそ、とりあえず恋人としてつきあってる女の子よりも、より素敵な母親のほうを大切にしているわけだ。そんな簡単なことにも気づかないバカな女が多すぎる。

だから、というわけでもないけど、僕は二十八歳になるいまも特定の彼女というのがいない。

けっしてモテないわけじゃない。外見はいいほうだと思うし、身長もある。大学時代、つきあってた女の子の人数も両手では足りないくらいだ。でも、たいてい長続きしないので、ここ二年くらいは特定の相手を選ぶことをやめている。

ただし、僕もヤリタイ盛りの男だ。どうしても我慢できなくなったら、適当な相手を見つけて、あとくされのないセックスを楽しんでいる。もちろん相手は、会社の女の子や仕事で知り合った女性。アパレルなので女性とのつきあいは多い。選ぶ相手には不足しない。いまどきの子は遊び方もわきまえていて、あとで面倒が起こることも滅多にないし、逆に、遊びと割り切るとものすごい恥態を見せる子が多く、AV女優並みの信じられないようなことを要求してくる子もいる。そんなわけで、とりあえず下半身は満足している。

でも、それはあくまでも「とりあえず」だ。肉体の欲望を一時的に満足させてくれる子はいても、僕のすべてを満たしてくれるような女性にはなかなか出会うことができない。

その理由は自分でもよくわかっている。僕の中に、永遠に消えることのない刻印を残した女性がいるからだ。その人のことを考えるだけで、胸が、体が、いっぱいになる。もちろん、下半身はすぐに充血して、痛いくらいに硬くなってしまう。昂りにからみついたその人の舌の感触を思い出すだけで、先っぽが熱い汁で濡れてくる。

その女性とは、もちろん、僕のママだ。


ママは、僕が小さいころから僕にベッタリだった。関西では有名なあるメーカーの重役をやっていた父親がほとんど家庭をかえりみないような男だったせいか、ママは一人息子の僕をとても愛してくれた。ママは、外に愛人をつくるような父親の生活についていけず、よく僕の耳元で、

「まーくんは、パパみたいになっちゃダメよ」

とささやいていた。僕は、たまにしか家に帰ってこないし、帰ってきたときは怒鳴りちらすばかりの父親を心底嫌っていたので、そんなママの言葉がうれしかった。それに、ママが耳元で何かをささやくとき、熱い息が耳にからみついてくるのがたまらなく心地よかった。

幼稚園以来、送り迎えはもちろんママ。食事もお風呂も寝るのも、ずっとママと一緒だった。いつも手の届くところにママがいたし、ママの匂いがしていた。友達と遊ぶよりもママと一緒にいるほうが好きだったし、修学旅行など僕がどうしてもママと一緒に過ごせないときは、ママはひとりで家の中に閉じこもり、食事もほとんどとらずにボンヤリしていたらしい。僕にはママが必要だったし、ママにも僕が必要だった。ママは何でも買ってくれたし、何でもしてくれた。父親のかわりに僕がママを幸せにしてやろう、と子ども心にそう決めていた。

ママは何でも教えてくれた。一流の女子大を出ているママは勉強もきちんと見てくれた。古い家柄で育ったので礼儀作法にも厳しかった。

でも、それだけではない。小学生も高学年になると、肉体的にいろいろな変化があらわれる。いつもお風呂に一緒に入り同じ布団に寝ていたママは、性教育のようなこともしてくれた。

いまでもよく覚えているのは、五年生に上がったばかりの春の日のことだ。二人でお風呂に入っているとき、体が熱くなった僕が何気なく湯船のふちに腰を下ろした。ちょうどママの目の前に僕の股間がある。

と、ママが突然、指先で僕のち×ちんをつまんだのだ。

「あら、まーくん、毛が生えてきたのね」

ママの目が輝いていた。ママは指先でペニスを左右に動かして、根元のあたりをよく見ようとした。そう言われれば確かに、金色の産毛のようなものが生えていた。ママは袋のほうにも指先を這わせながら、こっちのほうはどうかな、あ、やっぱり生えてる、などと嬉しそうな声をあげた。体を洗ってもらうときはママの手は当然股間に触れるが、そんなふうに陰茎だけを直接触られたのは初めてだった。毛が生えてきたということもあって、僕はなんだかとても幸せな気分だった。もっともっと触ってほしい、と思った。と、そのとき——。

「あら、まーくん……」

ママがおかしそうに言った。

「ね、ほら、大きくなっちゃった……」

見ると、確かに勃起していた。僕はあわてた。でもママは優しく笑った。

「大丈夫、当たり前のことなのよ。だって、初めてじゃないでしょ？　こんなふうに大きくなること、あるでしょ？　男なんやから当然よ」

もちろん、エッチなことを考えれば勃起することは知っていた。でも、ママにそれを見られるのは恥ずかしかった。

「わかったから、もういいよ。なんか、ヘンな感じするから……」

僕はママの手から逃れようとした。でも本音は、大好きなママにもっといじってほしかったのだ。ママはそんな僕の気持ちを見透かしたのか、今度は指先を動かし始めた。

「まーくん、こうやると、気持ちいいんじゃない？　どう？」

「あ、ママ……」

ママの指先が、先端から根元をなめらかに撫でまわす。生まれて初めての、あやしい気持ちよさが下半身にひろがった。

「あら、ふふ……ム、けてきた。ああ、ピンク色してる、やっぱり男の子ねえ……」

指先が先端の、ふたつに割れたあたりを刺激する。その、ツーンとするような快感に、僕は思わず腰を浮かした。

「まーくん、オナニーの経験はあるの？」

「オ、オナニーって？」

「そう、知らへんの。でも、そのうち必ず覚えることやからね、ママが教えてあげる」

ママはそう言うと、本格的にしごき始めた。片方の手で包みこむように撫でさする。大好きなママの突然の行為にどうしていいかわからず、ただ、あまりの気持ちよさに、あうあう……と声をあげている僕。やがて、先っぽが火傷《やけど》しそうなほど熱くなった。

「マ、ママ……へんだよ、どうにかなりそうだよ……ああ、あああああ……」

「いいの、まーくん、いいのよ、それでいいんだからね、ほら」

ママの手の動きが速くなった。と思ったとたん、先っぽから激しく液体が飛び出し、ママの顔の頰から口元にかかった。

「あ、ママ、ごめんなさい、オシッコが……」

「いいのよ、気にしないで。これはオシッコやないの。これは男の人のセイシ、タネ汁よ。女の人の……ね、アソコ、わかるでしょ？　女の人の、オ×コに、これをいっぱい出すと、子どもができるのよ。いつかまーくんも経験するの」

いつもはしとやかなママの口から、次々といやらしい言葉が出てくるのを、僕はドキドキしながら聞いていた。最後にママは、「さ、きれいにしてあげるからね」と言うと、精子がこびりついているち×ちんを口にふくんで、隅々までしゃぶってくれた。それもまた、死ぬほど気持ちよかった。ママのあたたかい口の中で、僕のペニスは再び硬くなってきた。

その日を境に、僕とママの関係はより深くなった。

お風呂に入るときや着替えをするとき、ママはよく僕の体を見るようになった。とくにち×ちんの成長には興味があるらしく、ときどき、

「あ、毛がだんだん黒くなってきたなあ」

「先っぽのほうが太くなってきて、将来が楽しみやね」

と言いながらいじったりした。もちろん、お風呂場で覚えた二人の楽しみも、週に一度は必ずやってくれた。僕もオナニーを覚えてたまには一人でやっていたけれど、でもママと一緒にいる時間のほうが長いのだから、ついママにおねだりしてしまう。僕が何も言わずに湯船に座ると、ママは、

「あらあら、またなの？」

と嬉しそうな顔をしてち×ちんを握り締める。そして、ママの手の中でギュンと硬くなったそれを、ママは優しくしごいてくれた。ママは白い液体を自分の手のひらで受けようとしたが、でも勢いがよすぎて顔にかかることもあった。そんなときでもママはイヤな顔ひとつせず、

「まーくん、元気やねえ」

と笑った。僕もママが、僕を子どもとしてではなく大人の男として認めてくれているような気がして、とても嬉しかった。

僕のほうもママの体に興味を持った。お風呂に入っても、気がつくと黒い毛がビッシリ生えたその部分をじっと眺めていることがあった。ママはそれに気づいてちょっと恥ずかしそうな顔をした。

「まーくんも、女の人の体に興味出てきた？　でもなあ、ママのはそんなにキレイやないし、いつか好きな人ができたら、その人にいっぱい見せてもらうのよ」

そう言いながらも、ときどきは指先でそこを開いて見せてくれたりした。そして、女の人のオ×コにち×ちんを入れて白いタネ汁をいっぱい出すの、それがセックスっていうのよ、と説明してくれた。子どもだった僕は、僕自身、そういう行為の結果として生まれてきたのだということには考えが及ばず、もしかしたらそ

のうち、僕もママのソコに入れさせてもらえるかもしれない、などと思ってドキドキしていた。

「立派な男の人になるのよ。女の人をちゃんと愛せる男になるのよ。絶対にパパみたいになっちゃダメ。ええな」

ママは相変わらず僕の耳元でささやいた。僕は、成長するにつれてその言葉を自分の都合のいいように解釈していった。つまり、ママはパパのことを愛していない、ママが愛しているのは僕だ、ママは一人の男として僕を愛してくれている……いつの間にか僕はそう信じるようになっていた。だから、いつの日か、僕とママが肉体的に結ばれる、と思い込むのは、ある意味では無理もないことだったのだ。

でも、まさか本当にあんなことになるなんて……いまになって考えてみると、あれは幸福感と罪悪感の入り混じった、不思議な体験だった。

それは、中学三年の夏休みのことだった。猛暑が続いていた。ある夜のこと、ふと夜中に目を覚ますと、ベッドのとなりで寝ているはずのママがいない。僕は喉が渇いていた。

「ママ？」

返事がない。仕方なくベッドをおりてキッチンへ行き、冷蔵庫の中の麦茶を飲んだ。それからママを探そうとリビングのドアへ近づいたとき、ドアの向こうからヘンな声が聞こえてきた。泣いているようなカン高い声。それは確かにママだった。どうしたんだろう、と思いながらドアを細めに開いて中を見た。そして僕は全身が熱くなるのを感じた。

そのころはいつも愛人の家ばかりに泊まっていた父親が、向こうを向いてそこにいた。上半身はシャツを着ているのに、下半身だけは裸になっている。父親は両手で白くて大きなお尻をつかんでいた。そしてそのお尻に向かって、自分の腰を激しく突き出していた。父親が腰をグイッと突き出すたびに、泣くようなカン高い声が響いた。

「ママ……」

その白いお尻はママだった。ママがソファの上で四つん這いになり、浴衣の裾をまくり上げて後ろから父親に突き上げられていたのだ。僕は思わず飛び出してママを助けようと思った。ママが大嫌いな父親から乱暴されている、ママが苦しんでいる……でも、かろうじて僕は思いとどまった。ママはイヤがっていなかったのだ。それどころかママは喜んでいた。もちろん中三になっていた僕はそれがどんな行為か知っていた。しばらく見ていると、父親が大きく動いた拍子にママのオ×コを出入りしている父親の黒いペニスが見えたりした。ママのそこは、ドロドロに濡れて、赤く光っていた。僕はショックを受けて、こっそりベッドに戻るしかなかった。

翌朝目を覚ますと、となりにはいつものようにママが寝ていた。いつもは僕よりも早く起きるママが、僕の肩に額を押しつけて、まだ眠っていた。ママの体はかすかに汗臭かった。浴衣はシワだらけだった。ゆうべ見た光景を思いかえして僕は泣きたくなった。泣きたくなりながらも、ペニスが硬くなってくるのを感じた。

「まーくん……どうしたの？」

ママが目を覚まし、じっと自分の寝顔を見ている僕に気づいた。そのとき僕は、ママが何ごともなかったかのように振る舞おうとしているのを感じた。

「ママ？」

「なあに？　今日はずいぶん早起きね」

「ママは僕とパパとどっちが好きなの？」

「どうしたの？　急に……まーくんのほうが好きに決まってるじゃない。パパはね、もうこのおうちの人じゃないのよ」

「ふうん。じゃ、どうしてママはパパのを入れさせたの？」

僕はわざと露骨に言った。ママの顔が凍りついた。

「どうして？　どうして嫌いなのに、あんなことしたの？」

「見たの？」

「うん、見たよ。四つん這いになってたね。ママのあそこにパパのち×ちんが入ってるところも見えたよ。ママはヒイヒイ言ってた。とても気持ちよさそうだったよ」

ママの顔が真っ赤になった。

「だって……ゆうべは急に帰ってきて……それでムリヤリ……」

「ムリヤリされたら、嫌いな男でもあんなに気持ちよさそうな声が出るんだ、へえ……」

「まーくん……」

「そんなに気持ちいいんだったら、僕もやってみたいな」

「そんなこと言っても……」

「嫌いなパパとやってあんなに気持ちいい声が出るんなら、僕としたら、もっと気持ちよくなるんじゃないかな。ね、そうじゃない？　ママ」

「まさか、そんな……まーくんとママは……」

「親子だからできないっていうの？　でも、お風呂のときはしてくれるじゃない」

「あ、あれは、だって、中には入れないから……」

「中に入れなければいいわけ？」

「まーくん、ママを困らせないで」

そのときのママは本当に困った顔をしていた。僕はママのそんな顔がとてもきれいだと思った。

「見せて……ママの見せて」

僕は強い口調で言った。ママは本当に僕を傷つけたと思ったのか、もう逆らえないと諦めたのか、ゆっくりとベッドの上に起き上がると浴衣の裾を開き、立て膝のまま足を開いた。

「パンティも脱いでよ」

「まーくん、本当に見るだけやからね」

ママはパンティをとって再び同じ格好をした。僕は顔をシーツに押しつけて、ママのそこを覗きこんだ。ビッシリと生えた黒い毛の下のほうにピンクの割れ目が見えていた。汚れているかと思ったが、セックスの後でシャワーを浴びたのか、きれいだった。

「こんなふうにして見るの、初めてだ……」

「どう？　そんなにキレイなもんでもないやろ？」

僕は指先で、割れ目の上端にプックリと顔を見せている肉色の粒に触れた。

「あっ……」

ママの太腿がピクンと震えた。

「そこはね、クリトリスよ。ママはそこがとっても気持ちいいの」

指先でいじっていると、少し大きくふくらんだような気がした。僕は嬉しくなってもっと触りつづけた。ママの口から溜め息が洩れ始めた。

「まーくん、あのね、穴のほう、濡れとるやろ」

「うん、ヌルヌルしてる」

「指先にそのヌルヌルつけて、それでクリちゃんを触ってごらん」

言われたとおりにすると、ママは、あはっ……ああ、あああ……というような声をあげて、太腿を大きく開いた。ママは感じていた。

「ママ、気持ちいいの？」

「ええ、とっても気持ちいいの、あふう、あああああ……」

僕は夢中になって触った。クリトリスと穴はグショグショになっていた。穴のまわりの肉がピンク色に染まりなんだかひどくいやらしかったが、僕は逆に興奮して、気がつくとそこに口を押しつけていた。

「ああっ、まーくん、そんなあ……」

でもママは僕の頭をかかえこむと、自分のアソコに顔を押しつけた。

「そう、そうよ、まーくん。舌でね、クリちゃんを舐めて。それから穴のほうも舐めてね。ママのオ、オ×コから、いっぱい液が出てるでしょ？　それを全部舐めて、ね。ああ、パパよりもずーっと気持ちいい、パパより上手よ、あ、あはああっ……」

最初は汗臭いだけだったのが、だんだんきつい匂いになり、味も濃厚になってきた。僕は興奮してパンツの上からち×ちんを握った。それはもうギンギンに硬くなり、裏筋が痛いほどだった。僕は急いでパンツを脱ぐと、ペニスをむき出しにした。

「あのね、まーくん、舌でクリちゃんを舐めながら指を穴に入れてほしいの。同時にされるとね、ママ、たまらなくなるのお……」

すっかり上半身を反り返らせて感じまくっているママは、僕がパンツを脱いだことに気づいていなかった。

「ママ。パパよりも僕を好きだって言ったよね」

僕はママを押し倒し、上になった。ママが僕の意外な力に驚いて僕を見上げた。僕の気持ちは決まっていた。というよりも、もう我慢できなかった。

「まーくん、そんな……それはダメよ……」

僕はち×ちんを握ると、その先端で入口を探した。でも、初めての経験でぜんぜん場所がわからない。僕はやみくもにそのあたりを突いた。それがママには異様な刺激になったようだ。ママはかたく目を閉じたまま、尻をうごめかせて悶《もだ》えた。

「まーくん、もっと下……あ、それじゃ下すぎる……」

ママの手が僕のち×ちんをつかんだ。そして、先端を熱く濡れた部分に押し当てた。

「いい？　ここよ。ゆっくり、前に、突き出してごらん」

ママは太腿を、これ以上は開かないというところまで開いていた。僕は言われたとおりに腰に力を入れた。最初は、跳ね返してくるような弾力があったが、さらにゆっくり力を入れると、次の瞬間、ニュルッという感じで先のほうが中に入った。

「ああ、上手、入ったわね。さ、ゆっくり中に入れて、奥まで届かせるのよ」

ママの両手が僕のお尻をグッと抱き寄せた。ペニスが吸い込まれるように奥に入っていく。と同時に、周囲から熱くてヌルヌルしたもので締めつけられ、強烈な快感が全身を走った。ママの口の中よりも、何倍も気持ちよかった。

「まーくん、入ったわね。まーくんのが、ママの中に入ったのよ」

「ママ……すごく熱くて、気持ちいいよ」

僕たちはしばらくそのままじっとしていた。お互いに相手の体を確かめているようだった。やがてママは僕のお尻を揺すって、動くのよ、と言った。

「速く動いちゃダメ。中に出しちゃダメよ。わかるわね」

僕はうなずいて、ゆっくり前後に動いた。動くにつれてママは悩ましげに声をあげた。最初はよくわからなかったが、そのうち腰使いのコツがわかると、僕のほうにも余裕が出てきた。僕は少しでもママに感じてもらおうと必死で奥を突いた。ママは、僕の動きに合わせて、ヒイヒイと声をあげた。

「いい？　まーくん、気持ちいいでしょ？」

「ああ、ママ、最高だよ。ママも気持ちいいの？　パパとするよりも気持ちいいでしょ？」

「もちろんよ、パパよりも気持ちいい。ママとまーくん、とうとうオ×コしたのよ。ママとまーくんの体、一つになったのよー」

ママのそこからはヌチャヌチャという卑猥《ひわい》な音がしていた。父親としているときよりもママは大きな声をあげていた。僕にはそれが嬉しかった。やっぱりママはパパよりも僕が好きなんだ。そう思った瞬間、僕の体が震えた。

「あ、ママ、もう、僕……」

「ダメ、中に出しちゃダメよ！」

ママは慌てて起き上がると自分の体から僕を離し、そして、ドロドロしたペニスを口にふくんだ。その強烈な刺激に僕はアッという間に発射してしまった。口の中に出されたものを全部飲み干したあとで、ママは僕を抱き締めた。やっぱりママは僕のものだ。その瞬間、僕はそう信じたのだ。

ママとの関係は、それ一回きりだった。それでも僕にとっては、いままでで最高のセックスだった。

その後ママは、父親との離婚話が持ち上がったものの、世間体を気にする実家の意向で、結局は離婚しないことになった。父親はいまでも相変わらず愛人をつくって遊んでいるらしい。僕が東京で就職したので、いまはママだけが家にいる。いまでは表面上はごく普通の母と息子だけど、でも僕のママに対する気持ちは、あのころと少しも違わない。ママを超える女性が現れない限り、僕は一生結婚もできないだろう。でも、もちろんそれでもかまわないと思っている。

自動車学校の美人教官と二人きりの車内で強引に口の中へねじ入れて

佐々木四郎　予備校生　十九歳

そりゃ親なんて甘いもんさ。大学に入りゃ、勉強とかサークルとかで車の免許なんか取ってる暇ないし、それにオレが運転できりゃ、共働きの親父やお袋の送り迎えだってやってやるからなんて適当な嘘ついてさ。カンジンの志望大学に合格できるかもわかんないのによ。予備校の金払ったと思ったら、今度は教習所の金だもんな。ったく、オレが言うのもなんだけどバカな息子を持つと親は大変だと思うよ。どうせ車も買わされるはめになるんだもんな。俺、できたらアメ車がいいんだけど、やっぱそこまでは無理かな。

「はい、そこ右折してね」

高橋《たかはし》先生って、そりゃあいい声してんだ。風邪ひいたみたいな低いかすれ声で〝右折してね〟のアクセントが十九歳のあどけない少年の股間を撫でるような色っぽさ。紹介が遅れたけど、高橋先生っていうのが俺が教習所で教わってる美人教官の名前。女の年はよくわかんないけど、二十八……二十九歳くらいかな。

「ほら、ウインカー遅れたわよ。後ろ見て確認して。無線教習で習ったでしょう?」

すぐにキレちまうダチがいてさ。糞生意気な教官とすぐに喧嘩して二つも教習所飛び出したんだけど、そいつが「佐々木《ささき》、ここならソープみたいに指名できるからプッツンこないぜ」って教えてくれたのがいまの教習所。予約制で、少し待ち時間はかかるけど、ダサい中年男の教官に教わるよりは、やっぱ年上のお姉様に叱ってもらったほうが得だもんな。それに俺、時間は腐るほどあるし。

いま、俺は予備校の教室で授業を受けている。といっても教室の隅っこでこの文章を書いてるんだけど。ぜひこれから免許を取るやつらに読んでほしい俺の美味しい経験っていうのは先週の土曜日、高橋先生と初めて路上教習に出た日のことだ。

「先生、首曲げたら痛いんだってば」

もちろん、先生と美味しい経験をするまでに、俺はそんなタメ口をきけるようになっていた。紹介してくれたダチは、とにかく優しくて運転のチェックも甘いからって、自分が習ってオナニーのオカズにしてた別の若い先生にしろって言ってたけど、俺は教習所の受付で見かけたときから高橋先生に決めちゃってた。そのルックスはというと、まずは大柄なんだ。身長なんか俺より少し大きいから百七十は確実にある。髪はショートで、少しメッシュ入れてソバージュかけてる。目は少し細いが、それがまた俺には色っぽく見える。その右目の横にホクロがある。秋田の出身だからかわかんないけど、色白で、笑うと大きな糸切り歯が見えるぽってりした唇。本人は太り気味なんて言ってるけど、俺に言わせりゃ、胸とかお尻とか、大事な部分にしっかり脂肪がついてるゴージャスな体なんだ。高橋先生のバストは、なんと九十二センチなんだぜ。

「だいたい生意気なのよね。予備校生なんて中途半端な身分でさ、友達とハワイに旅行だなんて。どうせ親からお金出してもらったんでしょ?」

「卒業旅行ですよ」

そのハワイ旅行のせいで、まだ日本は風が冷たい春先だっていうのに、俺は真っ黒に日焼けしちゃって。首や肩、背中や太腿の皮がめくれてきていた。だから

ここでちょっと説明しておく。何で俺がその日に勝負をかけたかっていうと、高橋先生、生理が近くて、その翌日あたりから休むだろうと思ったからだ。考えたら教習所って面白いよな。高橋教官みたいないい女と、車みたいな小さなスペースで二人っきりになれるんだから。お互いの吐く息、体臭だってプンプン匂う。高橋先生、生理が近くなると生臭い匂いがするようになるんだ。目なんか潤《うる》んで、熱っぽい顔になっちゃって。きっと生理が重いんだろうな、だって毎月、必ず休みをとってるから。

「ほら、むいていいよ、皮」

雑草の生えた駐車場は、道路からこっちが何してるか見えない場所だった。俺は高橋先生の見ている前で、左太腿のめくれた皮をつまんで引っ張った。先生は我慢しようと煙草に火をつけ、中学生みたいな手つきで煙を吸っていたけど、その潤んだ目はじっと俺の太腿を見つめていた。

「ほら、大きいの、気持ち悪いだろ?」

細胞が死んで、皮膚からはがれた皮は茶色く乾いて、一緒に抜けた毛がこびりついて透けるような薄さだ。それを顔の前でふって見せられた高橋先生、ついに我慢ができなくなったみたい。

「下手くそねぇ、貸してごらん」

吸いかけの煙草を窓の外に投げ捨てて、高橋先生はそのマニキュアのきれいな指の爪を立てて、俺の太腿から皮をゆっくりはがしてくれた。先生の髪の毛から、大人のシャンプーのいい匂いがした。太腿に置かれた手の温もりがたまらなかった。

「ほら、こんなに大きいの」

爪ではがされた皮を灰皿に捨てて、高橋先生は太腿の内側に顔を近づけた。俺は自然に先生の背中に手を置いた。教習所のロゴがプリントされてるシャツ。指にブラのホックが触れた。ペニスは痛いほど勃起して、あと少し顔を横にすればズボンの口から亀頭が見えるほどだった。汗にむれたペニスの匂いを先生が嗅いでいるのかと思ってますます興奮した。胸のポケットに名前のタッグと手帳、それにシャーペンが入っていた。上から見ると襟のあたりが緩んじゃって、おっぱいの谷間が右によれているのが丸見えになっていた。白くてポテッとした乳房。パンパンに張った亀頭がムズムズしてきた。

「先生、俺、苦しいよ」

こっちの気持ち、わかってるはずなのに、高橋先生ときたら、知らんぷりして皮を爪ではがしつづけた。運転席のシートに粉みたいな小さな皮が落ちていた。生理前の生臭い匂いが車の中に充満していた。

「ほら、太腿の裏にまでつながってる」

俺の手がうなじを撫でさすり、頭を押さえて、ゆっくり力をかけても、高橋先生はまだしらばっくれて、無理に背中を突っ張って皮をはがしていた。やわらかな耳たぶをつまむと、すごく熱くなっていた。皮をはがされて少し赤くなった太腿に先生の鼻息が吹きつけられていた。

「先生、苦しいんだよ、ほら」

俺はもう我慢できなくなり、自分でズボンをつかんで引っ張り上げた。赤紫の亀頭がはみ出した。そして先生の頭を強く押さえつけてやった。

「佐々木君……だめよぉ……」

高橋先生は最後まで俺のせいにしたかったようだ。しかし押さえつけたとき、背中は突っ張らせなかった。そのまま左のほっぺたが亀頭に押しつけられた。すごく興奮した。

「だめ……だって……ばぁ」

先生が顔をこっちに向けようともがいた。しかし俺が強く押さえつけているので、亀頭がほっぺたから口にこすりつけられたようになった。仮性包茎の亀頭は皮が痛いほどむけて、カリのあたりに白いカスとトランクスの糸クズがこびりついている。前の晩に友達と徹マンやったもんだから風呂にも入っていない。かなり不潔だったわけだ。その亀頭に高橋先生のぽってりした唇がこすれた。

「やめな……さいっ……て」

それでも先生はしゃべった。唇が開いて、こぼれた前歯に亀頭が触れた。唾液で濡れて光るのがはっきり見えた。俺はそれだけで我慢できずに洩れそうな気がしてあせった。

「先生、噛んじゃだめだよ！」

俺の変な声に驚いた先生の口が、一瞬だけどポカンと開いた。すかさず頭を押さえつけ、強引に口の中へ亀頭をねじ入れた。やわらかな舌の上にチョコンと乗っかった感じがしたな。ああ、ついに憧れの高橋先生にくわえさせた。俺はちょっと泣きたいくらい感動しちゃってた。変だけど……。

「んんっ……ん～ん」

「」で書いた高橋先生の最後の「ん～ん」という鼻息の音は、（もう……先生知らない……佐々木君の責任だからね）っていうような響きがこめられてたんだ。

敏感になった亀頭に舌がからみつき、半分目を閉じた先生の頬がすぼまった。想像していた以上だ。年上の、離婚して子どものいる女の人のテクって最高だよな。ナンパしたパープーのガキなんか、高橋先生と比べれば、ありゃただのマグロだよ。

「先生、俺、出ちゃうって」

フェラチオが始まったら、もう立場は完全に逆転しちゃってた。俺が射精しちゃいますって、いくら弱気になって訴えてもさ、ペニスをくわえたまま首を振って離してくれないんだ。目なんか閉じちゃって、鼻からスースーもの凄い音立てちゃって。

「じゃ、俺、知んない、もう、出しちゃうよ」

っておどしかけても、ペニス頬ばったまま大きくうなずいて返事するんだ。そうされるとまた根っこが突っ張る感じになって気持ちいいこと！　俺、先生のソバージュした髪の毛を両手で押さえつけた。あんまり腰は使えなかったけど、そのかわり、先生が頭を上下に振って出したり入れたりしてくれた。唇とペニスが唾液でこすれる音がして、毛に白く泡になった汁がべっとり落ちたりしていた。

「あっ……出るぅ」

俺、思わずハンドルにしがみついた。クラクションを鳴らしちゃって驚かせたっけ。マジ、ドピュッ！　って感じだったよ。あんなに精液出したの、中学んときのオナニー以来だったよな。

「……すごいんだもの……鼻から……ほら」

高橋先生はもっとびっくらこいてたな。口の中で爆発したときに、ゲホッと咳込んだもんだから、本当に右の鼻の穴から白く濁った鼻水が出てたんだもんね。

「先生、いいのかよ、このまんまでさ」

「いいわけないでしょ、君、責任取ってもらうわよ」

その日は教習所が混んでなかったので、二時間連続で予約を入れておいたのがラッキーだったよな。今度は高橋先生がハンドルを握って、やばいくらいスピード出しちゃってホテルに直行だよ。部屋に入るまでひと言も口をきかなかったっけ。

「ひさしぶりよ……ああ……若いって素敵ね」

消毒薬の匂いの強い部屋だった。カラオケとテレビゲームが置いてあった。高橋先生はベッドのそばで膝をつき、まずは俺の半ズボンのボタンをはずし、チャックを乱暴に下げ、勃起でテントを張っていたトランクスをわしづかみにして引きずり下げた。唾液と精液で濡れたままのペニスが先生の白いあごを叩いた。

「さっき出したばかりだから、ね、少しは我慢できるでしょう？」

しゃべる先生の唇の動きが亀頭の先に触れた。

「……かな？　……わかんねぇよ……先生の口って最高だからさ」

俺が車の中みたいに頭を押さえつけようとしたら、先生にその手を払いのけられちゃった。自分の好きにしたい様子だ。

「んぐぅ……んん」

ったく、そのときの音を聞かせたいくらいだ。ポルノ小説じゃないけど、本当に喉を鳴らして美味しそうにしゃぶってくれる。くどいけど渋谷で釣れるパープー女のフェラチオなんて子どもの遊びだなと思った。高橋先生、亀頭をくわえたままでシャツを脱ぎ、スカートのファスナーを器用に下げた。あんな小さなのして、胸が痛いんじゃないかなってこっちが心配するくらい小さなブラジャーだった。カップから白いおっぱいがはみ出ていたもんな。スカートを両手でお尻から膝までずり下げた。ブルーのパンティがこれまた小さい。腰に食い込んでさ、そのまわりの肉が盛り上がっちゃってるの。スカートを下げたときに少しずれて、お尻の谷間が見えたりしていた。高橋先生、ペニスをくわえたまま、腰を押して俺のことベッドに仰向けにした。

「……ああ……いい……んん……いいわぁ！」

先生、狂っちまったのかと思った。吐き出したギンギンのペニスに、こんどは顔をこすりつけてきたんだ。頬、鼻、眉、唇……。顔が唾液で濡れていった。そうしながら背中に手をまわして、ブラジャーのホックをはずしたんだ。重たそうなおっぱいがブルンッと揺れたように見えた。

「先生、いいおっぱい……」

俺、手をのばしてさ、憧れの乳首を指でつまんで、ひねくりまわしてやった。亭主に吸わせて、子ども産んでさ、母乳を飲ませた女の乳首って、どうしてあんなにいやらしいんだろ。俺、ひょっとしたらマザコンなのかな。高橋先生の乳首、コリコリだった。

「ほら、こんなこと、できるのよぉ」

先生、床に膝をついたまま、ベッドで仰向けにされた俺の膝に乗っかかってきた。そして両手で真ん中に集めたおっぱいでペニスをサンドイッチにしてくれたんだ。最高だったよ！

「先生……舐めて」

おっぱいの肉の中から亀頭だけが飛び出ていた。先生、舌をのばして、その赤紫にふくれた先っぽを舐めてくれたんだ。なんせ遊んでるっていってもさ、こっちはまだ十九のガキだろ。そろそろ我慢ができなくなってきてさ。

「先生……俺……また」

「だめ、だめよー」

高橋先生、子どもみたいにあわてた。ベッドへ上がってきて、俺の腰をまたいだ。教習所の教官はハイヒールなんか履いていない。みんなテニスシューズなんだ。先生、青いパンティと白の靴下だけになってた。顔の上でロケットの先みたいに、とんがって垂れたおっぱいが揺れていた。

「まだよ……まだよ……すぐだから」

左手か右手かは忘れたけど、とにかくパンティを膝までずらし、片足を脱いで股間を丸出しにした。四つん這いになると、腹の肉がたるんでいるのが見えた。まあ、子どももいるんだからそんなこともある。しかし美人だし、それに俺はぽっちゃりが好みだからノープロブレム。

「我慢できるでしょ……できるわよね」

先生の指が亀頭にからみつき、お尻をゆっくり斜めに下ろした。そのときははっきり見えなかった。ただ真っ黒い毛がワサッと生えているなと思っただけだ。先生、指が離れて、すぐにネチャッと熱く濡れた割れ目に亀頭が押しつけられた。先生、ゆっくり俺の腰に座ってきた。ツルンッと亀頭が前に滑って穴に入らなかったので、もう一度、指で膣んとこに押し当てた。今度は入った。

「あぁっ！」

子どもを産んでさ、しかも太っているというのに、高橋先生の締め具合は最高によかったんだ。なんて書いたらわかってもらえるかな……その……中に小さな虫がいっぱいいるみたいな……そんな感じだったんだ。

「ああ……先生……あ、そこっ！」

俺もこんな情ないことを口に出してたような覚えがある。

「まだよっ……まだぁ！」

「だめだよ……俺……出るぅ！」

ゴムつけずにハメてたんだ。さすがに中で出されちゃたまらん、ていうわけで、先生、ペニスを抜いてベッドの上に置いてあったコンドームを手に取り、亀頭にかぶせたと思ったらそのまま口ですっぽりくわえてつけてくれた。そうやって準備ができると、こんどは俺が上になったのはいいけど、二分くらいだったかな、我慢できたの。そうやって路上教習の時間ギリギリまで、俺と先生はホテルで汗まみれで抱き合ってたってわけ。

告白って、こんなもんでいいのかな。ちなみに俺は免許取れたけど、高橋先生のことが忘れられずにいまもホテルで教習を受けてる。もち、セックスのね。

ぎこちなく体中をまさぐる痴漢の手にどんどん淫らな気分に

福田葉月　ＯＬ・二十九歳

私はこのごろ毎日痴漢にあっています。

普通の女性の場合、痴漢は不愉快なものだと思いますけど、私はそうでもないのです。別にその痴漢が超人的なフィンガーテクニックの持ち主というわけではありません。むしろぎこちなくてヘタクソと言ったほうがいいかもしれません。でも、いまの私にはそれがかえって新鮮なのです。

私は毎日同じ時間に同じ車両に乗り込みます。彼とは約束したわけでもないし、そもそも指の主が誰なのかもはっきりとはわかりません。だけど彼はいつのまにか私の後ろにソッとやってきて、体に指を這わせてきます。

たぶん私より年下なんでしょう。息を詰めて緊張しながら体を押しつけてくるのです。すると、どきどきしている彼の心臓の鼓動が伝わってきます。このウブっぽい感じが私にはとても新鮮なのです。

というのは……私、会社の上司とおつきあいしていて……そうです。不倫です。それも、五年越しの。疲れているんだと思います。自分が好きでやっていることだから、人に言っても、ただのグチにしかならないんですけど……。

六つ年上の課長がその不倫相手なんです。奥さんとは今年中に別れてくれるという約束だったのですが、最近はそのことに触れようとすると話題をそらします。まあ、毎年この調子で一年延ばしなので、どうせ私が追及したら「子どもが大きくなってから」などと言うに決まっています。

課長は基本的に奥さんが怖いのです。だから少しでも怪しまれると「しばらく自粛しよう」なんて言って、どこにも行けません。自分は家族で夏休みにあちこち旅行したっていうのに。

仕事上ではいろいろ助けてもらってるし、彼のことは好きなんですけど、時間がない時間がないと言いながら会社帰りに簡単に食事してホテルでセックスだけというのも、凄く惨めです。結局私はセックスだけの女で、課長にとってはただの浮気なのかと思えたりして……。

だったら別れればいいんですけど、そうはいかないところが惚れた弱みの辛いところです。半分意地になってるって部分もありますけど。

私は、短いセックスでは物足りないんです。

この五年間で課長にこってりと抱かれてきましたから、じっくり前戯をしてもらって、挿入してもゆるゆると揺すり上げて、じわじわと焦らすように達しないと、満足できないんです。これは課長の〝調教〟の成果です。私は課長に体の歓びを教わったのですから。

だけど、最近はろくに前戯もしてくれず、時間を気にしてまだ充分に濡れていない私の中に乱暴に入ってきて、自分本位の〝射精セックス〟を貪って、果てるとそそくさと服を着はじめます。

おかげで私はいつも不完全燃焼で、体を火照らせたまま一人暮らしのアパートに帰ります。だからすっかりオナニーする癖がついてしまいました。

そんな私ですから、アソコが敏感になっていたのかもしれません。

痴漢初心者丸出しの彼が、ぎこちない手つきでわたしのお尻に触れてきたとき、普段なら手をはねのけるか、場所を変わったでしょうけど、その日の朝はされるがままになっていました。

私が何も抵抗しないのをいいことに、彼はお尻を撫でまわすと、手を胸に移してきました。通勤のときは、私はいつもツーピースを着ていますが、そのジャケットの裾から手を入れてきて、ブラウス越しに胸を揉みはじめました。

私は、形状記憶合金の入ったブラが嫌いで、薄くて軽いものをいつも着けてます。バストを形よく見せても仕事には邪魔になるだけだからです。その朝はそれが裏目に出ました。薄いので、ブラ越しでも乳首の様子が触ってわかってしまったのです。

乳首って、性的に興奮してなくても触られると硬く大きくなります。だけど……立ってしまうと、敏感になってしまいます。そこをその痴漢につけ込まれました。最初は片手で、そして両手で、彼は私の乳首を指先に挟んでくりくりと執《しつ》拗《よう》にいじりだしました。

本来なら嫌悪すべき行為です。でも……このところ課長にこういうことをされていないので、とても気持ちよくなってしまったのです。

痴漢の彼も興奮しているのか、荒い息が首筋にかかって、こそばゆいのを通り越して、なんだか妖しい感じになってきました。

乳首をつまんでいただけだったのが、手の全体を使って、乳房を下から揉み上げはじめました。私の胸のサイズは八十二センチで、そう大きくはありませんが、こうして揉み上げられて外から寄せられると深い谷間ができます。

彼はそこにペニスのかわりに下から指を入れてきて、パイズリみたいなことまでしてきました。ずいぶんなめられてるなあと思いましたが、そのときは正直言って気持ちがよかったのです。

その朝はそこまでで終わりでした。乗り換えるために私が下車したからです。会社に着いてトイレに入ると、パンティがうっすらと濡れていました。私もけっこう感じていたのです。

課長は私と目が合うと責められるのがいやなのか、仕事以外では声をかけてきません。私のほうもこだわりがありますから、仕事が終ったらさっさと帰りました。いいんです。どうせいまは〝自粛期間〟なんですから。

家に帰って、独りで何度も自分を慰めましたけど……。

翌朝。私はいつもと同じ電車の同じ車両に乗りました。普通、痴漢にあったら時間帯や場所を変えるものですが、私にはちょっと期待があったのです。ささやかな反抗心でしょうか。課長の言動に不満はあっても、私は浮気したりフタマタ掛けたりすることのできない女です。だから……ほかの男の指の戯れに身を任せることが、せめてもの課長への腹いせのつもりでした。

それに、恥ずかしい話ですが、自分の指でオナニーするより、他人にされたほうがずっと感じたというのも事実でした。私にはレイプ願望はありませんが、痴漢される、というのは、私の中にあるかすかな被虐願望を満足させてくれたのです。

実は……昨夜のオナニーも、満員電車の中で、ほかの乗客に気づかれないまま恥ずかしい行為をされてしまうというシチュエーションを思い浮かべてしていたら、激しくイッてしまったのです。

今日もあの痴漢は来るだろうか、と私は恐れ半分期待半分で開かないドアの側で立っていました。この場所だと、ほかの客には気づかれずに相当なことができるはずです。

電車が動きだして数分後。彼の手がやってきました。ほかの痴漢ではありません。彼独特の、おずおずした慣れない感じでお尻に触れてきたからわかりました。

私はけっして彼のほうを振り向きませんでした。私には勝手に作った彼のイメージがあります。内気で痩せた感じの学生というイメージです。もしも彼が脂ぎったオヤジだとしたら、触られたところが腐ってきそうで絶対にいやです。だから、その架空のイメージを壊したくなかったのです。

でも、指の感じと、手のひらの熱さ、密着した身体の筋肉の硬さと、若い男の子特有の汗の臭いで、私のイメージは実像とそれほどかけ離れているとは思えません。私も二十九歳ですから、それなりに男は知っています。

今朝は、彼は胸を触ることはせずに、下半身に行為を集中してきました。スカートの中に手を入れてきたのです。

私もＯＬのたしなみとしてパンストを穿いています。その上からお尻の弾力を確かめるように触っていた彼の指が、ついに我慢できなくなったのか、なんとか内部に侵入しようとパンストの入口をまさぐりだしました。

私の場合、パンストのゴムの部分はちょうどスカートのウエストに当たるので、堅く防護されてるんです。でもコケの一念というのか……指先がパンストをズルズルたぐり降ろして、ついに中に入ってきたのです。私は密かに「よくやった」と思ってしまいました。

そのとき、左手ががっしりと胸をホールドしました。そうです。私は彼に抱きかかえられるような格好でドアの脇に立っていたのです。

夢中になっている彼は、もはや周りの目さえ気にならないようで、胸を揉みしだきながら、右手をパンティの中に一直線に突入させてきました。首筋には彼の熱い吐息がかかっています。

スカートはけっこう派手にたくし上げられているはずです。指は谷間に沿って前部にやってきました。

「あっ！」

私は思わず小さな声を上げてしまいました。だって、彼の指先がアヌスをまさぐったから……。いままでアナルセックスの経験はありません。課長はクンニはしてくれていましたが、アブノーマル方面に関心はありません。

私は雑誌で読んだりして、お風呂でそっと指を入れてみたりしたのですが……でも、こんなに深く入れたことはありませんでした。彼の指は深々と刺さって中で曲げたりして感触を味わっています。

とっても妖しい気分になりました。電車の中で、お尻の穴を見知らぬ男にもてあそばれるだなんて。課長が見たらどう思うかしらと想像すると、余計にいけない気持ちが高まりました。

彼は、残りの指で私の敏感な部分をまさぐりました。あそこがとろとろになっているのが自分でもわかります。かっと熱くなっていて、指が動くたびにじんじんと電流が背中を走るのです。この状態で首筋にキスでもされたら、それだけでイッてしまいそうです。

女はシチュエーションでいくらでも淫乱になれるものなんだと、そのとき初めて悟りました。それまで私は屋外で抱かれたこともペッティングされたこともなかったのです。誰かが見ているかもしれない場所でそんなことをするなんて、考えもしなかったのです。

彼は私をどう思っているのだろう、淫乱なサセ子みたいに思われているのではないだろうか。欲求不満で誰にでも触らせて体を開く女に見られているんじゃないかしら、と想像すると、自分でも驚いたのですが、ますます全身が熱くなって、どんどん淫らな気分に浸っていきました。私は声をあげてしまうのを必死で我慢していました。

もしも彼が指のかわりにペニスをあてがってきても、たぶん逃げないで受け入れたのではないでしょうか。私はそのとき完全に暴走していて、歯止めがきかなくなっていました。

彼は無言のまま指を使いつづけていました。アヌスに一本入れたまま、別の指が女の部分に入ってきました。恥ずかしい下の唇を内側から撫で上げ、その奥の襞を擦り上げていきます。

私は立っているのがやっとの状態でした。頭の中は真っ白で、何も考えられません。

口から洩れる息が、甘い喘ぎに変わっていました。だって、クリトリスに指が触れて、親指でぐいっと乱暴に押し潰されたからです。手慣れた男ならば、女の一番敏感で繊細な場所なんですから、もっと優しく扱うでしょう。でも彼は経験不足のせいでとても乱暴なのです。

それに、手をどんな格好で差し入れているのでしょう。手首が折れ曲がって脱臼でもしそうな体勢のはずです。きっと、頭に血が昇っている彼は、私の女性の部分を触ることだけに夢中になっているのでしょう。乱暴さと無謀さが、電車の中の〝痴漢〟のムードにぴったりで、私を余計に燃えさせました。

電車の振動と、他人の目が、強烈なスパイスになっています。ああ、このままイッてしまいたい。恥ずかしい話ですが、そのとき私は心からそう思いました。

でも、残念なことに、電車は私が降りる駅に滑り込んでしまいました。一瞬このまま乗り越して会社も遅刻してしまおうかという考えが頭をよぎりましたが、それをすると、車内での痴漢だけでは終わりそうもない気がしてやめました。

だってもし彼に誘われたら、そのまま電車を降りてホテルについていってしまいそうな気分だったからです。そんなことをしたら、それこそ本当の浮気になってしまいます。課長は奥さんとフタマタをしているけれど、私にはできません。

それに……車内での束の間のアブナイ出来事でやめておくほうが、私としても冒険心と好奇心と課長への面当て心を適度に満足させられてちょうどいいのです。

私は後ろ髪を引かれる思いで電車を降りました。ですが、ほとんどイキそうになってしまった火照った体をどうにかしないと、今日一日仕事が手につかない気がしました。

で、駅のトイレで一人で慰めました。かなり異常なシチュエーションで高まっていたので、あっけないほど簡単にイクことができました。課長との短いセックスでは味わえない、ひりひりするような危険な匂いのするアクメでした。それだから余計に気がイッたのかもしれません。

それで妙にすっきりした顔をしていたのか、出社すると、隣の席の今年入ったばかりのフレッシュマンが、私を見た途端に「今日はなんだかキレイですね」なんて口走りました。セックスで満たされないと、女はブスになります。課長は反射的に私を睨《にら》むようにして見ました。もしかして浮気でもしたのかと疑ったのでしょう。いい気味です。

案の定、その日の夜は時間をゆっくりとってくれて、久々のコッテリしたセックスをしてくれました。課長は、私が浮気なんかしない女だとタカをくくっていた節があったので、この疑惑は嫉妬《しっと》させる効果があったようです。男って嫉妬するとエネルギーが高まるんですね。フルコースの長いセックスを二回もしてくれたんですから。

「おれが君を邪険にしてると思ってるんじゃないだろうね。それで軽はずみなことをしたんじゃないだろうね？」

「何でもセックスに絡めないでくれますか？　私がすっきりした顔をしてたからって、スポーツをしたのかもしれないし、サウナに行ったのかもしれないじゃないですか」

私は怒ったフリをして言い返しました。もちろん、朝の通勤電車の中で痴漢に身を任せているだなんて言いません。まあ、課長があまりにも私をないがしろにしたら、しゃべってやろうかとも思っていますが。

するとは課長は、

「これからなるべく時間を作るから。そうだ。今度出張があるから、それにひっかけて旅行にいこうか」

とまで言いだしました。

思いがけない効果です。嫉妬は恋愛のスパイスとはよく言ったものです。考えてみれば、私だけが一方的に嫉妬に苦しむ法はないはずです。

その明くる日も、私は同じ電車に乗りました。痴漢の彼も、私の決めたルールを察したようで、すっと寄ってきました。そして、この密かな愉しみはいまでも毎日続いています。

毎朝十五分間のちょっとアブナイ秘められた時間。このことを知っているのは私と彼だけ。決して誰にも言えない二人だけの秘密。お互い相手が何者なのかまったく知りません。

彼も、この危うく成立している関係を守りたいようです。だから私と一緒に下車したりはしませんし、尾けてきたりもしません。彼にだって恋人か奥さんがいるかもしれません。その相手に満たされないものがあって、つい私に触手を伸ばし、妙な感じで意気投合してしまったのかもしれません。

彼の指の動きは、だんだん上手になってきました。最初のころのように、いきなり敏感な場所に入れてきたり乱暴にいじりまくるようなことはしなくなりました。電車のバイブレーションに合わせるように、ソフトにタッチしてから、だんだん揺すり上げてきます。

限られた時間しかありませんから、私も彼に協力します。最近ではパンストも穿かず、ノーパンのときもあります。ブラもはずしてバッグに入れ、電車を降りた後に着けるようになりました。

私は、アヌスとヴァギナの両方に指を入れられて、その間の壁を擦り上げられる強烈な快感に目覚めてしまいました。これはきっと課長にはしてもらえないプレイでしょう。本当は、アソコにはまったペニスをアヌス側から触ると最高なんだろうと思いますけど、やっぱり電車の中で挿入まではしてきません。

昨日は、ついに十五分の間でオーガズムに達することができました。電車がホームに入る直前に絶頂を迎えたのです。下車するときは余韻で足元がふらつきましたが、それがまた何とも言えずいいのです。

彼は、ブラウスの裾から手を入れて、ブラをずり上げて乳首にタッチしました。左手が上半身、右手が下半身というパターンが定着したのです。乳首を指に挟まれてこりこり転がされ、手のひらで乳房を揉まれ、下半身は秘唇とクリットを擦り上げます。私は体を完全に彼に預け、目をつぶってその指先の愛撫を受けています。

時間をかけたセックスとは違って、短時間でイッてしまうプレイは、快感が急角度で上昇するので、なんだかジェットコースターみたいで、目が眩《くら》むほどです。長いセックスは、ゆっくりと地上から天界に魂が昇っていくような、そんな感じだと言えばいいでしょうか。どちらがいいというのではなく、それぞれ捨てがたい快楽なのです。

胸と秘部へのタッチで、私はぐんぐん高まっていきました。そして……彼は、今日はじめて首筋にキスをしてきたのです。

彼の唇が触れた瞬間、背中を強い電流がさっと駆け抜けた感じでした。そしてその首筋の彼の唇が当たった部分が熱くなって、物凄く敏感になって……。

舌が、首筋を上下しました。私は心の中で、わぁやめて！　と思ったり、もっときつく舐めたり吸ったりして！　と叫んだりしていました。ほかの客にどう見えているだろう、と不安になりましたが、それがまた快感に転化します。私は完全に翻弄《ほんろう》されていました。

がくん、と電車が揺れて、ほかの客に押されて、背の高い彼の勃起したペニスがズボン越しに私の尾てい骨付近に当たりました。硬くて逞《たくま》しい感じでした。私はそのあたりが性感帯なのです。ペッティングのときにさっと触られると熱いものがあの部分から湧き出すのがわかるほどです。

満員の状態で、彼のペニスは電車の振動で私を撫で上げている感じでした。彼も私がとても感じているのに気づいて、腰を使ってきました。こんな凄い感覚は初めてです。

私は歯を食いしばって呻き声を押し殺し、一気に昇りつめてしまいました。そんな私の反応を見て、彼も満足した様子でした。優しくお尻をぽんぽんと叩いて送り出してくれました。

これからも課長との関係が続いて、約束どおり結婚できたとしても、電車の中での十五分の逢瀬はやめられないような気がします。

でも彼とはこれ以上の関係になる気はありません。いろいろ不満はあっても、私が愛しているのはやっぱり課長だけです。痴漢の彼を愛しているわけではないのです。彼の指を愛しているのです。

こういう私はワガママな女なのでしょうか。

巧みなリードに身を任せて
あこがれの叔母の中で男になって……

上杉佳樹　会社員・三十一歳

代々続く名家の僕の家は、八人兄弟の長男である父が本家を継いだため祖父と祖母、未婚の叔父と叔母が同居していました。部屋が十室もあるので問題はなかったのですが、中学三年生になったとき、父の一番下の妹、里佳子《りかこ》おばちゃんはまだ二十四歳。たった九歳の年の差でした。

里佳子おばちゃんはすごい美人で、近所の人たちがお見合い写真を年じゅう持ってきており、何人か見合いした後、とある財閥の御曹司と翌年結婚したのです。

里佳子おばちゃんの結婚式の夜、私はふとんの中で涙していました。

叔母と甥です。普通なら恋愛感情を持つことなどないのでしょうが、僕といつも一緒に遊んでいていろいろと面倒を見てくれていたのです。

幼いころはそれこそ母と同じぐらいなついていましたし、思春期になっても、何度も恋愛の相談にのってもらいました。もしかしたら、初恋は里佳子おばちゃんだったかもしれないと思うほど、僕の中では大きな存在でした。

強烈な思い出として残っているのが、里佳子おばちゃんの裸を見てしまったことです。

中学一年の夏休みの午後、風呂の脱衣所のドアを開けると、出てきたばかりの里佳子おばちゃんとバッタリ。

ピンクの乳首と毛が生えそろったアソコを目にしてビックリした僕は、「ゴメン！」と叫んで部屋に戻りました。

目に焼きついた里佳子おばちゃんの裸体が頭から離れず、アソコが大きくなったまま。わけがわからず、アソコを小さくさせようと畳の上でこすっていたら、すごく気持ちよくなってきて、

「アウウ」

一瞬、オシッコを洩らしたかと思いましたが……。そうです。射精してしまったのです。オナニーなんてまだ知りませんでしたから、パンツについた白い液体

を見てビックリし、病気なんかじゃないかと不安になりました。

しかし、こんなこと誰にも相談できないし、ましてやいつものようにパンツを洗濯機の中に放り込めません。仕方なく翌朝早起きして風呂場でゴシゴシ洗っていると、掃除しようとドアを開けたのが里佳子おばちゃんでした。

「よしクン、何しとん？」

あわててパンツを後ろに隠しました。

「何隠した？　見せてごらん」

「ダメ！」

「何よお、洗い物があるなら私が洗ってあげるよ」

「いいよ、いいよ。自分でするから」

「さてはウンチ洩らしたな、よしクン」

「違うよ」

「誰にも言わないよ。貸してごら……あッ！」

洗面器に浮かんだ精液を見て悟ったようです。僕は顔が真っ赤になり、里佳子おばちゃんの顔がまともに見られません。

「なにー、よしクン、里佳子の裸見て夢見たの？　わー、かわいい。それにしても、いつの間にか大人になったんね」

ニコニコ顔してた里佳子おばちゃん。母に言われないかとビクビクしていましたが、何も言われなかったので、黙っててくれたようです。

このことを思い出して涙が止まらなくなってしまったのが、里佳子おばちゃんの結婚式の夜でした。

しかし、四年後に里佳子おばちゃんは出戻りで帰ってきたのです。

母に聞けば、財閥の家風になじめなかったようで、おまけに子どもができないことを義母になじられたとか。

結婚式以来会っていなかったので、僕に会うなり、

「アンタ、よしクン？　わー、大きくなったんねえ。すっかり男らしくなってえ」

とビックリしていました。里佳子おばちゃんは二十九歳、色気タップリでしたが、昔の面影も残っており、それほど変わってはいません。

僕はといえば大学二年、成人になったものの女性だけは未経験、ソープでもいい、早く経験しなければとアセっていたときです。

コンパで酔った夜、意を決して里佳子おばちゃんの部屋をノックしました。

「よしクン、酔っとるね。当たり前ね。大人やもん。まだ飲める？　一緒に飲も

かあ」

里佳子おばちゃんは部屋に置いてあった酒を注いでくれました。離婚してから、毎晩飲んでいるようで、酒の量も増えていました。

「里佳子おばちゃん、俺、大人になった。でも、まだ女性だけ未経験なんだ。どうしたらいいん?」

それまでニコニコしていた里佳子おばちゃんの顔つきが変わりました。しばらく沈黙し、気まずい雰囲気です。

その雰囲気に耐えられなくなり、

「なーんて、ウソや」

と、ごまかして部屋に戻ろうとすると、

「よしクン、ドライブしよ!」

二人で深夜のドライブです。車の中でも黙ったままの里佳子おばちゃんは、車をモーテルにつけました。

「よしクン、降りて」

口説くつもりが口説かれた、というのでしょうか。

初めて入るモーテルの部屋で、どうしていいかわからずドキドキしていると、先にシャワーを浴びた里佳子おばちゃんが出てきました。

「よしクンも浴びておいで」

言われるとおりにするしかありません、どうしていいかわからないんですから……。

シャワーを浴びていると、里佳子おばちゃんが入ってきました。

「よしクン、見てごらん」

あこがれの里佳子おばちゃんの全裸姿。とてもきれいです。

「よしクン、わたしの裸見たことあったねえ。あのころみたいにピチピチしてないけど、これでもいい？　これが女性よ」

そう言うと、里佳子おばちゃんはやさしくキスしてくれました。

「よしクン、女性はねえ、キスで体が開くのよ。ほら、こんなに」

手をとって導かれた里佳子おばちゃんのソコは、濡れていました。

「フフ、でもよしクン、どうしていいかわからんでしょう。リードして教えたげる」

里佳子おばちゃんは、やさしく私のモノにキスし、そのまま包むようにヌッタリと舐めてくれました。

初めてのフェラです。こんなにいいものとは知りませんでした。しかも、里佳子おばちゃんが僕のモノを舐めている、そう思うだけで、ビンビンにボッキしてしまいました。

里佳子おばちゃんに奥まで飲み込まれた瞬間、「ウウウ」と簡単に口の中でイッてしまった僕は、そのまま最後まで教えてもらうべく、ベッドに場所を変えました。

「よしクン、今度はよしクンが愛する番よ」

「り、里佳子おばちゃん！」

「おばちゃんはいらない。里佳子でいいから」

「里佳子！」

照れくささなど忘れ、無我夢中でした。オッパイをもむと、

「やさしくもんで……そして、乳首を舐めて」

里佳子おばちゃんのピンクの乳首を舌で転がすと、

「アアン、そうよ、そういうふうにやさしく、時には激しく……」

言われるまま、乳首から太腿へ移動すると、目の前の丘の奥がシットリと濡れていました。

「里佳子、アソコ、濡れてる」

「よしクン、ウウン……よしきを迎えやすいようにそうなるの。さっきしてあげたように、わたしにもし……て」

愛液まみれのソコを舐めると、里佳子おばちゃんは体をピクピクさせています。

「アアン、うまいわ、そう、そうよ、もう少し上……」

上にはクリトリスがありました。

「そう、そうよ、里佳子気持ちイイ！　アアン、よしき……」

里佳子おばちゃんに導かれ、指を中に入れてみました。二本入るソコはザラザラとしていて、すごく温かいんです。中で動かしていると、

「アアアアアン」

と感じています。

「よしき、きて！」

引き寄せられるようにおばちゃんの中へ挿入すると、ザラザラ感が強烈な刺激となって、動かすたびに、亀頭の敏感な部分に当たっていまにも爆発しそうです。

「里佳子、里佳子！」

キツく抱き締めながら、何度も連呼して腰を振りつづけました。激しくキスを

しながら、まさにそのとき、男となりました。

「よしき、大きい！　里佳子死にそう！　アアン、アア、アア、イイ、イイイ」

「よしき、いいわよ、イッて！　里佳子の中でイッて！」

「里佳子ー」

奥に亀頭が当たり、ガマンの限界でした。

「里佳子、出るっ」

「ウワー」

「イク――」

叔母の中で果てた僕。そのうえ里佳子おばちゃんをイカせてしまいました。初めてだというのに……。

「ああ、ああ」

五分ほどカラダをビクビクさせた叔母。

「信じられない。すごいわ、よしクン。初めてなの、イッたのは……」

「だって、だんなさんが……」

「ウフフ、よしクンだけに言うけど、すごいちっちゃいの。恥ずかしいんだけど、ほとんど自分でしてた。正直に言うと、それが原因で離婚したのよ。子どもだってできないの当然よ、すごいマザコンで、やり方がわからないんだから。それに比べて、よしクン、素敵」

胸の中で里佳子おばちゃんが余韻に浸っています。僕も、里佳子おばちゃんの魅力を改めて感じていました。

「もう一度して」

と里佳子おばちゃん。そんなに大きいとは、自分でもわかりませんでした。

もちろん、その後も里佳子おばちゃんとの肉体関係が続いていました。

五年後に僕にも彼女ができて、二十五歳で結婚することになったのですが、結婚式の日、誰よりも祝ってくれ、そして誰よりも感激（？）して泣いていたのは、そう、里佳子おばちゃんでした。

その姿を見て、十年前の自分を思い出していました。

自分のペニスをかたどったバイブを隣室の美人ＯＬに手渡すと……

時田茂樹　浪人中・二十歳

俺は二浪して予備校に通っている。学校までは遠いけど静かなのが気に入って、この郊外のアパート（１ＤＫ）に住んだのだが、いや、しかし、人生というのは何が起こるかわからないものだ。

というのは、隣の女性がクセモノだった。別に深夜まで大音量で音楽を聴いたりどんちゃん騒ぎをするわけではない。朝、廊下で会うと丁寧に挨拶を返してくれる真面目で魅力的なルックスのＯＬだ。だけど、最近オトコができたらしくて、週末になるとひどいときには夜明けまでえんえんとあの声が聞こえてくる。安いアパートなので壁も薄く、何をしているのかまるわかり。なんせ寝言まで聞こえるのだから。

あ、別に勉強の邪魔だと腹を立てていたわけではない。そりゃ毎晩だと勉強が手につかないけど、週末だけだもの。たしかに羨《うらや》ましいけど、そこはタダで聞ける『生テープ』と割り切って、自家発電のオカズにしていた。浪人生の密かな愉しみなんだから許してほしい。

隣の女性は、実は俺好みなので、いろいろ想像しちゃうところが最高のオカズたる所以《ゆえん》だった。年のころなら二十五、六歳。切れ長の目とすっとした鼻筋の顔は和風、髪は肩まであるセミロング、スレンダーなボディで、とても清潔な感じがする人。地味めな通勤着が彼女の控えめな性格をよく表しているようだ。日曜は洗いざらしの白いシャツとジーンズ。謙虚で素直そうではないか。化粧をあまりしないのも、飾らない性格を反映しているようで好ましい。

ああ、そんな彼女をモノにしたオトコが羨ましい。でも、大学に入ればこんな俺でも彼女くらいできるんじゃないかと……二浪している間に太ったし、青白くなってしまったけど……。

声だけを聞くというのは、異常に想像力をかき立てられて興奮するものだ。ポルノショップで売ってる『盗聴テープ』なんてウソかホントかわからないが、この場合、振動まで伝わってくるんだから。彼女の週末セックスが始まってから、AVをレンタルしなくなったほどだ。

　毎週のことだから、彼女のセックスのパターンを俺は発見した。

　金曜は仕事の帰りに待ち合わせて、外でデートしてほろ酔い加減で二人で帰宅。シャワーの後しばらくイチャイチャしてから、どさっと音がして男が彼女を押し倒してペッティング。彼女はなかなか感度がいいらしく「ああ～ん」と声を上げ、ぎしぎし床がきしむ音をさせて一回戦。短時間でフィニッシュを決めて、その後プシュっと缶ビールを開ける音がしてブレーク。

　二回戦はロングプレイ。ぺちゃぺちゃちゅうちゅうという音が明瞭に聞こえてくるから、かなり濃厚なペッティング&フェラ&クンニらしいことがわかる。そして約二時間に渡って体位を変えつつのセックス。びたびたと肉がぶつかる音がするのは後背位だろうか？　彼女も、あの控えめでおとなしそうな外見からは考えられないような凄い呻き声を盛大に上げる。「イ、イク、イッちゃう！　あ、ああ、ひっ、ああ～ん、うくく」などという声とともにフィニッシュを迎えるのは午前二時を回るころ。

　日によって男の元気が余っていればもう一回戦あるが、だいたいはこれでシャワーの音がしておしまい。また缶ビールを開ける音がして、甘い笑い声がしているが彼女が眠そうな声になってきて就寝。きっと半裸で抱き合って寝てるんだろう。

翌日の土曜日は昼ごろにどこかに出かけ、家で夕食。その後はまたもセックス大会。ゆっくり寝て元気を回復しているが昨日濃厚なのをやったからか、土曜のセックスは男がじっくりクンニをやってるようだ。ぶーんという低い機械音はバイブだろうか。たっぷり二時間かけて彼女は二度ほどオルガスムスに達し、今度はお返しのフェラチオ。ちゅぱちゅぱじゅぽじゅぽという猥褻《わいせつ》な音がしていたかと思うと、また床がしなるぎしぎし音がして……。

日曜は二人で音楽を聴いたりしているうちに夕方にイッパツ。これはけっこうタンパクな感じで終了。夜、彼を見送って、ラブラブなウィークエンドは終わる。

俺はメモをつけているからかなり正確な観察だと思う。最初のころはテープに録音していたが、最近はバカらしくなってやめてしまった。

え？　そんなメモなんかつけて情けない野郎だって？　そうかもしれない。だけど、それを読み返すと、そのときそのときの状況が思い出されて、最高のオカズになるのだ。

彼女は騎乗位になって、男の上に跨り、髪を振り乱してくねくねと腰を動かしているのだろう、と思うとそれだけで一回抜ける。

あのお尻がフラダンスやベリーダンスのように妖しく動いているのかと思うと……その動きにあわせて、見たことはないが彼女の形のいいオッパイがゆさゆさと揺れているのではないかと思うと……それを男は下から持ち上げて、指で乳首をぷちっと摘《つま》んだりしてるのかと思うと……。

また、後背位で彼女をよつんばいにさせてがんがん責めている光景も刺激的だ。腰からお尻にかけての素晴らしい曲線を男がぐっと摑んで尻たぶにびたびた音をさせながら腰を使うなんて……。感じるたびに彼女は背中を反らせて「いいわ～」などと口走るのだ。

想像だが、立ったまま彼女の片足を大きく持ち上げてぐいぐいやっていることもあるだろう。

彼女のフェラチオも最高だろうなあ。あのおちょぼ口いっぱいに頰張って唇を前後させてサオをしごきながら、柔らかでしなやかな舌がにょろんと絡んでくる……。口で慰めているうちに自分も濡れてきて、男が手を伸ばして彼女のアソコをいじるとベトベトになってる。指で秘唇をこじ開けて指を滑り込ませると、彼女はそれだけで感じてしまい……。

テレビにセクシーな女が出てきてエッチなことをするのを見ても、あまり感じない。セクシーな女がそういうことをしても当たり前だと思う。だけど、真面目そうな女の子が突然乱れて大胆なことをするのを見るのは、最高に感じる。これって俺だけではなく、男ならみんなそうなのかもしれない。だから金のあるオジサンたちが「素人ギャル」を買うのかも。売ってるんならもうプロじゃねえかと思うけど、素人＝真面目と短絡するんだろうなあきっと。

とかなんとか妄想を膨らませて、毎週やってくる週末を「手コキ」で明け暮れていたのだが、どうしたことか、ここ二週間は無気味なほど静かになった。金曜の夜も土曜の夜も、隣の部屋はしんとしているままだった。彼女はいるのだ。食器をかちゃかちゃさせる音は聞こえたし、テレビの音も聞こえた。だけど、男の存在がなかった。金曜の夜、早めに一人で帰ってきた彼女は、テレビをつけっ放しで寝てしまったり、深夜までテレビゲームをしていたみたいだ。あの声は最高のBGMだけど、ぴこぴこ音は騒音でしかない。

休日の昼間も、どこに行くでもなく部屋の中にいたようだ。

失恋でもしたのだろうか。フッたのかフラれたのか。平日の朝晩見かける彼女の顔は、なんだか元気がなかった。年齢を考えると、結婚を考えていたのに『乗り逃げ』されて大ショックなのかもしれないと想像したりした。

……これは、チャンスか？　もしかして俺の出番か？　隣同士なんだから便利だし。しかし、彼女が結婚したいのなら浪人の俺なんか相手にしてくれないだろうし……いや、一度やったからって結婚を迫られるのも将来ある身の俺としては困る。だけど……急に相手が去ってしまった寂しさを誰かで埋めたいと思うかも。年下の俺に母性本能を刺激されて、「浪人も大変ね。私が慰めてあげる。ちょうど私も寂しいの」なんて。代用品に使われるのはシャクだけど、彼女とセックスできるんなら願ってもないことだ。

しかし、なんにせよ、彼女とそうなるにはキッカケがいる。ただアパートの廊下で挨拶を交わすだけじゃダメだ。壁越しに聞いてました、なんて言ったら痴漢変態の類に思われるのがオチだろうし……。

そんなとき、救いの神が郵便局からやってきた。予備校が休みで、部屋でごろごろしてた雨の日、小包を持った配達人がドアをノックしたのだ。隣が留守なので荷物を預かってほしいとのこと。もちろん俺は快諾した。

やった！　これでキッカケが摑める。夜、荷物を持って行ってあげると、「お茶でも」なんてことになって、話が弾んで、気がついたらベッドの上、なんて。隣には彼女が恥ずかしそうに陶酔した顔のまま裸体を横たえている……。

うひひ、と思った瞬間、荷物が手から滑り落ちて床に激突した。もともとボール箱が雨で濡れて破れやすくなっていたのだ。床の上には、ぐしゃぐしゃになった箱が中身を飛び出させて無惨な姿を曝していた。

あーあ。これじゃ最初から印象が悪いなあ、と思いながら中身を見たら。

なんと、その荷物は、バイブレーターではないか。雨で滲んだ手紙には『君を一人にさせてゴメン。長距離恋愛は辛いけど』などと書いてある。なるほど。男は自分の代わりにこのバイブを送ってきたということか。しかし、なおさらこれじゃ彼女に渡しにくいじゃないか。

俺は同じサイズの箱を買ってきて中身をそっくり詰め替えようとした。そうすれば俺が中身を見た痕跡は残るまい。

と、作業をしていたそのとき。俺の脳裏に、とんでもないアイディアが浮かんだ。このバイブを、俺のペニスをかたどったモノと替えてしまうという考えだ。『珍太くん』という自家製バイブ工作キットを使えば、俺のムスコをリアルに複製したバイブが作れる。それを渡せば、寂しい彼女は毎晩俺そっくりのバイブをアソコにいれて慰めるのだ。彼からの贈り物だと信じこんで……。うひひ、これはいけるぞ。これでアイツに一矢を報いることができる。

三日がかりで苦心の末、完成させた時田茂樹《ときたしげき》スペシャルのバイブを箱づめして、俺は彼女の部屋のドアをノックした。

「あの……これ、郵便局の人から預かったんですが、ボクも忙しくて渡し損ねてたんです。遅くなって申し訳ありません」

三日延着したことは正直に言ったほうがいい。彼女は、案の定「いえいえ、ありがとうございます」と丁寧に頭を下げて受け取った。しかしお茶にも食事にも誘ってくれそうもないので、俺はそのまますごすごと部屋に引き上げた。まあいいや。それよりその後の反応を聞きたい。

壁に耳をくっつけて聞いていると、箱を開けた彼女の驚きの声が響いてきた。そりゃそうだろう。二個オシャカにして三個めで満足のいくものになった俺の形のバイブは、青スジもリアルに走って亀頭の形もりりしい、まったく俺のムスコにウリ二つのスーパーリアルな素晴らしい出来栄えなのだ。作った俺自身が気分が悪くなったほどだ。

しばらくして、ぶーんという音がしてきた。しめた！　彼女はアレを使っている。分身とはいえ、俺の形をしたものが、憧れの彼女のアソコにするすると入っていくのだ。あの赤貝の中に収まって、その女壺の中をぶんぶん言いながら暴れているのだ。

俺は誕生日に有り金はたいて童貞を棄てに行った西川口のソープでの出来事を思い出していた。相手はオバサンだったけど、女のあそこはいいよ。最高だよ。クンニをしたときちょっとよかったけど、でもやっぱりおま××の感触は何物にも代えがたい至上のものだ。

俺は、自分の分身が活躍する音を聴きつつ激しくオナニーをして、彼女のあえぎ声が止まったあとも二回もやって、その夜は結局三度もオナニーをして疲れて寝てしまった。おかげで翌日のテストは最悪だったが。

それから、毎晩のように彼女は俺のスペシャルバイブを愛用していた。回数を重ねるうちに俺の形に馴染んできたのか、彼女の悶《もだ》えて乱れる声もバイブの音とともに聞こえてきた。

「あん……ああん。あ、イッちゃう……イクゥ！　あんあんあ……あは～」

その声を聞いていると切なくなってきた。彼女はそれが彼をかたどったものだと信じてるのだろうが、実はそれは俺のなんだ、と叫びたくなってきた。だけどそれを言っちゃすべてがお終いだ。潔癖そうな彼女のことだ。怒り狂って警察沙汰になってしまうかもしれない。そんなことになったら俺の人生はめちゃくちゃだ。

しかし……。金曜の夜、独り寂しくテレビを見ているとドアがノックされ、彼女が姿を見せた。真剣そうな凛とした彼女の表情を見た瞬間、俺はすべてがバレたと思って観念した。

「立ち入ったことを伺いますけど、私を変な女だと思わないでくださいね。思い切って言います。あれは、あなたのでしょう?」

やっぱりバレたか。俺は素直に頭を下げたが、しかし、どうしてわかったのだろう?

「女って、男の人のあの形を、身体で覚えてるものなんです。あの荷物はたしかにカレからきたものですけど、あれはカレのものではありません。だけど——」

信じ難いことに、彼女は潤《うる》んだ目で俺を見た。

「カレのよりいいんです。大きさといい、形といい……私にぴったりフィットするというか」

彼女は靴を脱いで俺の部屋に上がり込むと、俺にしなだれかかった。

「あなたさえよければ……女の私から言いにくいことなんですけど……」

これを天佑と言わずして何と表現すればいいのだろう！　怪我の功名。努力はいつか実を結ぶ。俺は無精髭のまま彼女を抱きしめるとキスをした。エチケット・ライオンの味がした。

身体にぴったりしたニットのセーターを脱がせると、その下はノーブラだった。隣の気安さか、それとも手間を省くためか。彼女は着瘦せするタイプなのだとそのときわかった。けっこう量感のある乳房は、仰向けになっても型崩れしないで乳首が天井をぴんと向いている。

なすがままの彼女の脚からジーンズを降ろすと、洗いたての香りのするブルーのパンティがあった。部屋の電気をつけたまま、ゴムに手をかけてするすると下げると、逆三角形のかわいい恥毛が現れた。

それを見た瞬間、俺の理性は音を立ててキレた。うおーと歓声を上げて手早く裸になった俺は彼女にむしゃぶりついた。しかし彼女は冷静だった。挿入を焦る俺を止めて、優しく俺のペニスを口に含んだのだ。

「これよ、これ。この感触。この大きさ。ああ、素晴らしいわ」

手慣れたフェラチオで俺は果てそうになったが、ぐっと我慢して彼女のアソコに手を伸ばした。夢想したとおり、そこはぐしょぐしょに濡れていた。

彼女に導かれて、俺は念願の挿入を果たした。ああ、東京に出てきて以来ずっと憧れていた彼女とこんなことができるだなんて！

ぐっと奥まで入っていくと、彼女は感極まったような「ふあ～っ」という声を出した。

「あなたのアレ、凄く気持ちいいの。奥まで広げられて……感じる場所に、あなたのアソコが当たるの。ああ、そんなに動かないで。ゆっくり、ゆっくり……たっぷりあなたを味わわせて」

たしかに俺が少しでも乱暴に腰を使うと、彼女は背中を反らせてひいひい言ってしまう。あの男に入念に開発されたのか、それとも俺の道具がそんなに性能がいいのか。

これが性行為史上二回目の俺としては、見聞きした情報を総動員して、グラインドを試みた。何かのセックスブックに書いてあったのだ。こうすれば女は喜ぶと。

たしかに、俺のカリが彼女のGスポットを直撃したらしい。「そこ！　そこなのっ！」と壁が震えるような大声を出してがくがくと痙攣し、すべすべした肌に汗が滲んできた。濡れた肌というのは吸いつくような感触があるのだと、そのとき俺は発見した。

アソコの相性がいいということは、俺にとっても最高ということだ。柔らかな濡襞が俺のペニスに絡みつき、吸いついてくる。波状的に締めつけてきて、間もなく俺はどくどくと思いの丈を彼女の中にぶちまけてしまった。

よっぽど彼女は俺のペニスの形が気に入ったようだ。それからというもの、俺たちは毎晩のようにお互いの身体を貪った。彼女は最高だし、彼女も俺のペニスを気に入っている。この「ペニスだけ」というのが引っ掛かるのだけど……。

このままだと、たぶん俺は三浪してしまうだろう。まあいいや。そのときは大学は諦めて職でも探し、彼女と結婚でもするか。俺はいまそう思っている。

態度が煮え切らないお見合い相手の裡に秘めた性的嗜好を刺激して……

荻野蘭　家事手伝い・二十五歳

お見合い当日のことでした。初めて相手の顔をまじまじと見た私はあまりのことに、晴着の腰を浮かしそうになるほどびっくりしました。

馬場智之《ばばともゆき》さん、二十七歳、銀行員。W大卒の学歴も申し分なく、都市銀行に入社し、行内での将来性もあるとのこと。仲人をしてくれた叔父の強い推薦もあって、考えてみれば、写真はあまりよく見ないまま履歴書優先でお見合いを決めた相手でした。

いまはこうして振袖姿でお嬢さまをとりつくろっている私ですが、かつて東京で私がしていた秘密のアルバイトのことを知ったらきっと両親だってビックリして、お見合いなどさせる気もおきなかったことでしょう。

私は二十五歳。いまは故郷に帰ってきて家事手伝いの花嫁修業の身ということになってはいますが、東京で女子大に通っていたころには赤坂の某ＳＭクラブで〝マヤ〟といったら相当名の知れた〝女王様〟だったのです。

もちろん、これは親友さえ知らない秘密。

お見合いのお相手の馬場智之という人は、別の名前（もっともお客さまはみんな変名だったのですが）で登録されてはいたけれど、確かにそこのお客さんでした。

それもかなりの常連。私とのプレイに夢中になって通いつめてきた「秋野《あきの》」という男に間違いないとそのとき確信したのです。もっとも、あのお客さん、いじめるとすぐに泣くので私たち女王様の間では「泣き野」と呼んでいましたけど。

でも、そんなことどうでもいいと思いました。

こういうのも何かの縁ですからね。

それに相手のほうは私だとはわからないみたい。それもそのはずで、私のほうはほとんどコスチューム・プレイで、素顔なんか見せたこともないし、たいていは目にとんがった魔女マスクをかけていましたから。

彼は当日のおしとやかな振袖姿の私を気に入ったようで、叔父を通して後日「もう少しおつきあいを」という申込みがありました。

どうしようかしら……少しだけ思い悩んだけれど、過去は過去、思い切りよく割り切って、結婚を前提としたおつきあいを始めることにしたのです。

ところが、彼って、いたって真面目なんです。何度デートを重ねてもいっこうに反応がありません。市民ホールでのクラシック演奏会。ワインとフランス料理。そして礼儀正しく家に送ってくれる、それだけなのです。

キスどころか手を握ることもなく、淡々としたデートを何回も重ねたのですが、これではいつ結婚ということになるのか、叔父夫婦や両親の暗黙の催促もあって、いっそ早く決めてしまいたくなっていた私のほうは、イライラしてきたのです。

(そうやってインテリぶったって、おぼっちゃま面したって、あんたが、あの「泣き野」だってこと知ってるんだよッ。正体はバレてるってのにッ)

そんなことはもちろん言いませんでしたが、少し私、彼の家柄や学歴を鼻にかけたようなプライドの高さや態度にうんざりしていたのです。

「まあ、こういうところって、どんなふうになっているのかしら」

ある日のドライブで、私、思い切って、

「ね、探検してみない？」

と、とうとうモーテルへと彼を誘い込んだのです。

「いや、それは、僕もよくは知らないけど」

二人ともカマトトぶったまま、お部屋に入ったのです。

「きみって、大胆なとこあるんだね」

彼、二人きりになっても、やっぱりはっきりした態度に出ないのです。

「蘭《らん》さん」

一度は腰に手をかけ、軽くキスしましたが、それもなんかおざなりなんです。

その後の行為が続きません。

「智之さん、私、覚悟できてるわ、今日、いいのよ」

私からも誘ってみるのですが、抱きすくめるわけでもなく、お風呂に入るわけでもなく、ただ悄然《しょうぜん》とベッドの端に座って室内音楽のツマミを調節したりしているだけなのです。

「こういうことって、まだ早いんじゃないかなあ」

ポツッと洩らした言葉をきいて、私（もうッ！）と思いました。

（じゃ、あんたの本性を、暴いてあげるわッ）

私、バスルームに入って、こうなることを予測して準備してきた鞄の中身をぶちまけました。

昔着ていた黒のレザビのレオタードに網タイツ、真っ赤なハイヒール、それに革の鞭。いわゆるＳＭ女王様ルックで完璧にキメて彼の前に出ていきました。

「な、何なんだ!?」

智之さん、目は真ん丸、口はあんぐり。

「きみ……そ、その格好は……」

この世のものを見るとは思えない表情になっているのですが、その目の奥にチロチロと小さな炎が燃えたのを私が見逃すはずはありませんでした。

「いいのよ、智之さん。これは遊び。まかせておいて、ね？」

まだとまどっているフリをしている智之さんに、いったん安心させるように言って、それからいきなりプレイに入りました。

「さ、坊や、こっちへおいで」

スツールに腰をかけ、大袈裟な動作で脚を組み、ハイヒールの先を突きつけます。

「どう？　この靴」

「く、靴がどうしたっていうんだ」

思わず二歩、三歩こっちへ寄ったのですがそこでかろうじてとどまった智之さん。しらばっくれながら、顔を真赤にして叫んでいます。

「いつまで役にもたたないプライドにしがみついてるんだよッ」

私、カッとして立ち上がり、ビュンッと鞭を一発、床に叩きつけました。

「わッ」

智之さん、その音で床にひれ伏しました。

「お、お許しをッ」

（……やっぱり……）

その姿こそ、間違いなくあの「泣き野」の奴隷姿なのでした。

私は自信満々になって胸を張りました。

「さ、靴をお舐め」

「ああッ、はいッ」

彼も、いつの間にか昔の姿に戻って、大好きなハイヒールの先を愛おしそうに、唇をあてて口に含みます。

そのうち、たまらなくなったのか、網タイツの脚を撫でてきます。

「この野郎、態度がでかいんだよ」

私は居丈高《いたけだか》になって、なおもハイヒールにしがみついてしゃぶろうとしている智之さんの顔をグイグイと踏みつけます。

「ああッ……い、痛いッ」

智之さん、みるみる泣き顔になっていきます。

「いじめないでッ、いじめないでよぉ……」

「痛いか、でも踏みつけられて気持ちいいだろ、え？」

「……うんッ……いえ、はいッ」

従順な奴隷の返事はまったく昔のまんまです。

彼のズボンの下の股間はもうビンビンに勃起していて、こんなことを続けていると泣きながら勝手に発射してしまうのもわかっていましたから、私、少し急いだんです。

「さ、ズボンを脱ぎな」

「え？」

「いいから、おまえがしたくてしたくて仕方なかったことを、いまさせてあげるから」

「え、ほんとう？」

うっとりと霞《かす》んだ目で私を見上げるのです。

あのクラブでは、最後のものを与えるなどということは決してありませんでしたから、目を輝かせるのも当然です。

「あ、ああ」

大慌てでズボンを脱ぎ捨てると、意外にも太くて長大なのが血管を浮き上がらせるほどに立っていました。

「ふうん、けっこう立派なの持ってるんだね、生意気にッ」

ビシッと鞭を打つと、その角度がまた激しくなるのです。

「さあ、ここに入れてみたいのか？」

私は股間のところだけ開くレオタードのホックをはずし、全体のコスチュームはそのままに、その部分だけが露出して使えるようにして誘ってみたのです。

「……あ、ああ……」

夢遊病者みたいに、智之さん、誘われるまま近づいてきて……。

「舐めさせて……やるよ」

「いいの？　ほんとに、いいの？」

感動の涙さえこぼして、口を涎《よだれ》でいっぱいにして私の股を丁寧に舐め始めたのです。

まるで犬そのものでした。

舌を伸ばし、息をハアハアと吐き、私が露出した上質のお肉を味わっているのです。

「ふん、なかなかうまいじゃないか。感じるよ」

褒めると嬉しそうに顔を上げニッコリするとまた顔を伏せます。

「よし、もういいよ、さ、おいで」

私はベッドに仰向けになって、誘いました。

でも、彼、動かないんです。

「……?」

どうしていいかわからないみたい。自分が奉仕する以外、能動的には体が動かないみたいなんです。

「わかったわ、じゃ、おまえが仰向けになるのよ」

私、この日じゅうに決定的な刻印をすませてしまおうと心に決めていたので、躊躇《ちゅうちょ》せずに言いました。

「おまえは馬だ。わたしが馬に乗るから、一所懸命尽くすんだよ」

「……はいッ」

文字通りの馬乗りです。

そして、根元をしっかり固定させておいて、ズブズブと上からくわえていったのです。

「ああ……素敵ッ」

智之さん、女のような情ない声を上げました。

「ぼく、もうッ、もうッ」

「だめよッ……まだイッちゃ」

あまりに感激が大きすぎたのでしょう。智之さん、根元まで呑み込んだ途端に爆《は》ぜそうになったんです。

「あ、ぼく……もうッ、だめぇ」

「ばかッ」

でも、私のコスチュームを見ていると、またすぐに回復してくるみたいで。人間ってのは本当に変わらないものだと思いました。

「でも、なぜ、僕の好きなことがわかるんですか」

本当に不思議そうに聞くので、私、魔女マスクを目にかけたんです。

「わからない？　マヤよ、マ、ヤ」

彼は一瞬、視線を上に向けた後、突然気がついたように、

「……ええッ……あの……マヤさまッ？」

ビーンと立ったのを、私、また上からいただいたのです。


結局、この日は、いままでのギクシャクしたつきあいが嘘だったみたいに、二人とも自由に欲望のたけをぶつけ合ったのです。

そして、彼のほうから、驚いたり、恥ずかしがったり、でも自分の性癖をよく知っている女性と結ばれるのが幸せなんだと言って、それから私たち、結婚の約束を固く誓い合ったのです。

同級生が痴漢されている現場に出くわし右手を彼女のスカートの中へと……

滝本征夫　高校生・十七歳

高校に入って二度目の夏休み。高校生活にも慣れてきたし、受験にはまだ間があるので、本来ならぼくは充実した学生生活を送っているところです。でもいま、ぼくはそれどころじゃないんです。みんなが夏休みを楽しんでいる中で、最悪の日々を送っています。

なぜあんなことをしてしまったのか、悔やんでも悔やみきれません。あのことをきっかけに、ぼくの人生は石ころが転がるようにコロコロと坂道を転げ落ちていくような気がします。

それは、夏休みの補習授業が終わった日のことでした。

ぼくの通っている学校は進学校ということもあって、夏休みに入ってからも補習授業が行われます。やっとその補習授業が終わり、明日からは実質的な夏休みに入るというわけで、同級生たちの表情は皆晴れやかです。

ところがぼくときたら、皆と同じ気分にはなれず、その日も一人で家に向かいました。

駅のホームで電車を待っていると、少し離れたところに足立慶子《あだちけいこ》が立っていたのです。彼女はぼくの同級生で、その美少女ぶりは同学年の生徒はもちろん、先輩や男性教師の間でも評判です。男子生徒のほとんどが彼女とつきあいたいと思っていたに違いありません。

実はぼくもその一人だったのです。といってもその数日前までのことだったのですが……。

彼女はいつもと同じように楚々とした、「いいご家庭のお嬢さん」という感じで電車を待っています。本を読むのに夢中で、ぼくには気づいていないようでした。

電車が来て、ぼくらは同じ車両に乗りました。といっても、ぼくは最後尾のドアから、彼女は先頭のドアから乗り込んだのです。電車はそこそこの混みようで、彼女は入ったドアの反対側のドアの手すりに体をあずけるようにして、再び本を読み始めました。ぼくは、こちら側からそんな彼女の姿をそっと眺めていたのです。

次の駅に着き乗客がドッと乗ってきました。乗り込んできた乗客に遮られて、彼女の姿が見えなくなりました。

そして、次の駅に着いて、また乗客が移動します。すると突然、ぼくの視界を遮っていた乗客の一団がどいて、彼女の姿がぼくの目に飛び込んできたのです。ところがどうも様子がおかしいのです。さっきまで読みふけっていた本をそのまま開いてはいるものの、その本を読むでもなく、何か落ちつかない様子なのです。

注意してよく見ると、彼女の斜め後ろ側で新聞を読んでいる男の片方の手が、彼女の体の下のほうに伸びていて、それがモゾモゾ動いています。たぶん、ほかの乗客にはわからなかったでしょう。さっきから、彼女に注意を向けていたぼくだからこそ見破れたのだと思います。

明らかに痴漢だと思いました。ぼくはとっさに、何とかしなければ、何とか彼女を助けてやらなければという気持ちになったのです。

乗客の間をぬうようにして、ぼくは彼女のそばまでいきました。そのとき、電車が再び駅に着き、開いたドアから乗客がドッと入ってきたのです。ぼくは彼らに押されるような形で、彼女の斜め後ろにいってしまいました。痴漢だとにらんだ男の背中が目の前にあります。

まだ、彼女はぼくに気づいていません。

しかし、助けてやろうと思って近づいたのに、いざとなると声が出ないのです。彼女に声をかければすむことだったのに、ぼくの喉はカラカラになっていました。

ぼくは、持っていた漫画雑誌を開き、それを読むような素振りをしながら目を男の手に集中させました。

電車が動きだし、案の定ぼくの前にいる男の手が彼女のスカートへ伸びていきました。ぼくが漫画に夢中になっていると思ったのか、男の手は大胆に彼女のスカートをまくっていきます。彼女が体をくねらせるようにして男の手から逃れようとしています。ちょうど、ほかの乗客の目から、ぼくの体がそれを遮るような格好になってしまったのです。

ぼくは目を皿のようにしてその光景に見入っていました。なにしろ、目と鼻の先に彼女の長い髪が迫っています。彼女の動揺が手にとるように伝わってくるのです。

ぼくが漫画雑誌の隙間から男の手に注目していると、その手は徐々にそのスカートをまくり上げるようにしながらその中に手を潜らせていったのです。

ぼくはすっかり彼女を助けるなんてことを忘れてその光景に見入っていました。すると、そこに彼女の白いヒップがチラッと見えたのです。男の手はさらに進み、白いパンティの隙間に入っていこうとしています。

彼女は太ももをピタリと閉じ、男の手の侵入を阻止しようとしています。男の手が太ももの付け根のあたりでもぞもぞと動いています。

後ろ向きなので表情こそわからなかったのですが、彼女は手すりをしっかりと握りしめ体を固くしています。

しばらく男の手が彼女の股間のあたりでもぞもぞ動いていました。すると、次の瞬間、彼女は足を心持ち開き気味にしたのです。

おやっ？　それまでかたくなに足を閉じて抵抗していたのにどうして？　ぼくは彼女の行動が不思議でなりませんでした。

それで、男の指は、なんなく彼女のパンティの奥へと入っていくことができたのです。

「ああっ」

さらにぼくの耳は、彼女の消え入りそうなかすかな声をとらえました。

彼女の髪が揺れています。男は手を彼女のパンティの中で動かしています。

その光景を見ているうちに、ぼくの頭の中は真っ白になってしまったのです。

そして、ぼくの体の中心だけが熱く脈打っているのです。

気づくとぼくの右手は彼女のスカートの中に潜り込んでいたのです。そしてパンティの隙間から彼女のヒップへと侵入していきました。

ヌルッとした部分に到達したとき、ぼくの体の中心は痛いほど硬直し、ちょっとの刺激でもパンツの中で大爆発を起こしそうになっています。

そして、さらにぼくの指は奥へ進み、ヌルヌルした複雑な部分をとらえたのです。うまい具合に男の指はその上のほうで動いています。彼女は、二人の男に股間を攻められる格好になってしまったのです。

「くっ……くっ……」

彼女は必死に手すりにしがみついて声をこらえようとしています。

男は邪魔者が入ってきたにもかかわらず、相変わらず素知らぬ顔をしながら新闇を読みふけるフリをしています。

彼女はさらに足を広げていきます。ぼくは指をその広げられた足の間からさらに奥にのばして股間をまさぐっていきました。

穴があるはずだ。ぼくの全神経が指先に集まります。女の秘密の部分に指を差し入れたときから、ぼくの目的は、いまだに経験したことのない女のその一点に向かっていました。

とうとう、ぼくの人差し指がその入口をとらえ、中に潜り込んでいったのです。熱くたぎるような粘膜がぼくの指を締めつけてきます。

横からのぞき込むと、彼女は目を閉じ、半開きにした口から荒い息を吐きながら、手すりにしがみついています。

「ああん」

聞こえるか聞こえないかといった彼女の喘ぎが、ぼくの耳を刺激します。と、そのとき、電車がガタンと揺れ、その瞬間、彼女はハッと、こちらを見ました。それと同時に、ぼくのはちきれそうになっていたモノがパンツの中で爆発を起こしたのです。

ぼくは手を引っ込めることを忘れ、呆然《ぼうぜん》としていました。そんなぼくの目と彼女の目がまともに合ってしまったのです。

　彼女の表情に戸惑いと驚きがみるみるうちに広がっていきます。

　やっとぼくは事態が理解でき、手を引っ込めました。しかし後の祭りです。彼女は顔を真っ赤にしながらその場を離れ、反対側のドアのほうへ向かいます。そして、次の駅で飛び出すようにホームへと駆け出していってしまったのです。

　気がつくと最初に仕掛けていた痴漢の姿も見えません。呆然としているぼくだけがそこに取り残されてしまったのでした。

　ぼくはどこをどう歩いて家に帰ったのかもわからないほど憔悴《しょうすい》しきっていました。次の日からは本当の夏休みです。しかし、今度学校に行ったとき、彼女にどんな顔で会えばいいのでしょう。

　しかし、いま思うとぼくが電車の中で彼女のスカートの中に手を潜らせたとき、その数日前のあの刺激的な光景が頭をよぎっていたのだと思います。

　先にも書きましたが、足立慶子は校内一、二の美人ともっぱら評判の生徒です。中学のころから（ぼくらの学校は中学、高校の一貫教育なんです）一度も一緒のクラスにならなかったぼくは、高二になって初めて彼女と同じクラスになれました。

ところが、身長やルックスは人並みだとは思うのですが、運動部で活躍しているわけでもなく、勉強もとりわけできるわけでもない、さらに決定的なのは引っ込み思案な性格が災いして、ぼくはとうとう夏休みになるまで彼女に積極的にアタックすることができなかったのです。

補習授業が始まって二日目の午後のことです。天気もいいので、ぼくは屋上でのんびり寝転がっていました。

ぼくらの学校の屋上は、それほど広いわけではないのですが、ベンチや植え込みなどがあって、授業のあいまや放課後など、ベンチで読書をしたり、友だちどうしでダべったりと、ちょっとした公園のようなスペースになっているんです。

ぼくが寝転がっていたのはその屋上よりもさらに上、給水タンクなどが並ぶスペースです。そこは、立入禁止になっているのですが、実は、ぼくはそこを日光浴のための格好の場所として使っていたんです。

その日もいつものように上半身ハダカになって寝転んでいました。そのうちにぼくはいつの間にかうとうとと寝入ってしまったのです。

ふと目がさめるとあたりはすっかり暗くなっていて、時計を見るともう七時をまわっていました。屋上はもとよりグラウンドからも生徒たちの嬌声は聞こえてきません。

ぼくはあわててシャツを着て帰ろうとしました。するとそのとき、ぼくの耳に、誰もいないはずの屋上から女の話し声が飛び込んできたのです。

「ふふふっ、だめよぉ」

まぎれもなく足立慶子の声です。彼女の声を聞きまちがえることはありません。

「ふっふっ、せっかちぃ」

ぼくの心臓は早鐘のように鳴り始めました。声のトーンからどんなことが行なわれているかだいたいの想像はつきます。それも、よりによってその張本人は憧れの足立慶子なのです。

ぼくは気づかれないように屋上に降り立ち、声のするほうに向かいました。

あたりはほとんど暗くなっていて、水銀灯だけが周囲を照らしています。どうやら彼女は、屋上のベンチに腰かけているようです。彼女のいるベンチから五メートルほどのところに小さな物置小屋があり、そこまでは水銀灯の光も届きません。ぼくその小屋の陰に入りました。

「ああん、いやよぉ」

彼女の声は目と鼻の先から聞こえています。ぼくは心臓のドキドキをこらえながら、そおっと小屋の陰から顔を出してみました。

ぼくの目に真っ先に飛び込んできたのは、まくれ上がったフレアスカートの中から伸びた日焼けひとつしていない真っ白な彼女の太ももでした。

彼女はベンチに腰かけた男に向き合う格好で、彼の膝の上にまたがっていたのです。ちょうど、だっこをするような格好です。彼女の腰のあたりまでスカートがめくれ上がっていて、彼女の丸いお尻までが丸見えになっています。

彼女は両手を男の首に巻きつけ、さかんに男の顔に顔を押しつけていました。よく見ると、彼女の片方の膝になにやら白いものがくるまって引っかかっているのです。淡い光の中で、それが彼女のパンティだとわかったときは、全身の血液が股間に向かって流れ出したのではないかと思うほどショックでした。

男の両手は彼女の腰にまわされています。

「ああっ」

彼女が上体を大きく後ろにそらした瞬間、長い髪が後ろに垂れるような格好になりました。

「ねえ、ねえ、いやって言ってるじゃない」

そうは言っても、甘えたような声はちっともいやがっているようには思えません。

そして、再び彼女は男の頭にしがみついて、男の耳といわず、髪の毛といわずそこらじゅうを舐め始めたのです。そうしているうちに男の顔が彼女の頭の脇からのぞいたのです。その顔を見たときも、ぼくは再び全身にショックを受けました。彼女をだっこしている幸せな男は、ぼくらより年下の二年生だったのです。中学のころから何かと先生にたてついて問題を起こしていた生徒でした。

それにしても、美人で成績もトップクラス、先生たちには優等生でとおっている足立慶子が、なぜよりによってあんな下級生と……。ぼくの頭の中は混乱していました。

そんなぼくの思いなど知るわけもなく、彼女はさらに激しくそいつの唇を求めていったのです。

「シンちゃん（その男の名前です）、好きよ、好きっ」

さっきまでは男の膝に乗っかるだけだった彼女の腰が、徐々に男の股間にすり寄っていき、ズボンの上からヤツのその部分に擦りつけるようなしぐさをします。

「してぇ、シンちゃん、早くしてぇ」

それは、普段、「粗野な男子学生たちとは住む世界が違います」みたいな態度をとっている足立慶子からは想像もつかない言葉です。

やがて男の手が彼女のスカートの中でモゾモゾ動き始めると、彼女は男の肩に顔を埋《うず》めて、くぐもった声であえぎ始めたのです。

「そこ、そこ、いいっ」

さらに彼女のスカートがまくれ上がり、白いヒップが水銀灯の光を受けてぼくの目に飛び込んできます。

「ちょうだい、ねえ、ちょうだい」

彼女の白い指先が、ズボンをふくらませている男の股間に這わされます。そして、その指が彼のズボンのベルトをはずし、ジッパーを下ろしていったのです。

彼女が男の腰の上に体をずらせていきます。そして、完全にそこにまたがるような格好になり、彼女の白いヒップが一瞬浮きます。

「ああっ、シンちゃあん……」

再び彼女の腰が男の腰の上に下ろされると、男は両手で彼女の腰をグイグイと引きつけ、下から腰を突き上げるのです。彼女の両脚は、男の腰にしっかり巻きついています。

「ねえ、シンちゃん、あれしてぇ」

しばらく腰を打ちつけ合っていた二人が動きを止め、彼女が男の腰から下りるやいままでとは反対向きに乗っかります。ちょうど、男に背を向ける格好になり、彼女はゆっくりと男の腰の上にヒップを重ね合わせるように下ろしていきます。

そのときはぼくも興奮していたので気づかなかったのですが、後で考えると「あれ」という言葉が通じるということは、二人は初めてではないのに違いありません。それに、二人の様子からは、相当回数を重ねているようにも思えるのです。

今度は、彼女がまともにぼくのほうに向く格好になりました。しかし、ここは陰になっているし、彼女は目を開けていられないほど感じているらしく、ぼくのことに気づいていません。

それよりも、こちらからは、真っ正面に彼女の黒々としたヘアが見えるのです。そして、彼女が大きく体を浮かせたとき、そのヘアの奥でヌラヌラと光ったヤツのものが彼女の股間に突き刺さっているところがチラッと見えたのです。

「これいいっ、これしたかったよ、ホントよ」

彼女が甘えるような声をあげながら、またがった男の腰の上で、ヒップを上下させています。ヤツは彼女のはだけたシャツの中に手を突っ込み、両手でふたつのバストをもみしだいたりもしています。

「イクぞっ、慶子、イクぞっ」

ヤツが初めて声を出しました。

「来てっ、来てえ、いっぱいちょうだいっ」

彼女のその声と同時に、ヤツの腰が激しく下から突き上げられます。ベンチがギシギシと音をたてています。そして、彼女は上体を前に折るようにして、ヒップだけを突き出すような格好で男の動きを受け入れていったのです——。

全てが終わり、二人がいなくなると、ぼくはその場で虚脱状態に陥っていました。

電車の中でのぼくの行動は、あのとき見た、彼女の白いヒップがぼくを狂わせたとしか思えません。

日に日に逃げた妻に似ていく一人娘に男としての欲望をかきたてられて

森下誠司　会社員・五十歳

妻の舞子《まいこ》と知り合ったのは私が二十二歳のときでした。

そのころの舞子は、自分のことをおばさんと言って笑っていましたが、三十歳になったばかりの女の肉体は、それだけで吸い込まれていってしまうような、不思議な色香を漂わせていたのです。それに、秋田の出身だという舞子は、東北の出らしく、色白で、きゃしゃな体つきながら、その肉体の曲線は、男なら誰もがドキリとするような、それでいて一種、近寄りがたい、独特の色気を持つ女だったのです。

そんな舞子に出会ったのは、私の大学から二つほど先の、二子玉川駅にある小さなスナックでした。舞子は、そこで働いていたのです。

初め、その店を私に紹介したのは、友人の今野《こんの》という男で、二人はそこで何度か酒を飲んだのですが、私が舞子に特別な感情を持つようになってからは、次第に不仲になってしまったのでした。

「最近、今野さんとは、いらっしゃらないのね」

カウンター越しに舞子が水割りをつくりながら話しかけてきたのは、通いだして一年も経とうかというころでした。

私は、舞子と話がしたいがために、いつも開店間際に店に行くのですが、二人きりになっても、なかなか、話がはずまない日が続きました。そのときも、客は私一人でした。私の思いを知る店のママは、気をつかって、煙草を買ってくると言って、出ていってしまったのです。

「今野さんはお元気……」

そう、言いかけて、舞子は続けるのをやめました。後から舞子に聞いたことですが、そのときの私は、とにかく恐ろしいほどの形相だったらしいのです。卒業を間近にしていた私には、その日は、一つの決意があったのです。

「舞子ちゃん、ママから聞いてると思うけど、僕の気持ちは知っているよね」

舞子は黙って頷きました。

「いますぐにとは言わない。結婚してほしい」

突然のプロポーズにさすがに驚いたのか、舞子は、店が終わるころに近くのファミリーレストランで待っていてほしい、と言いました。

私と舞子が結ばれたのは、その日の夜中のことでした。近くのうす汚いラブホテルに入った二人は、部屋に入るなり激しくお互いに求め合いました。私は、全裸になった舞子の体をじっと眺めていました。舞子は、

「いや、そんなに見つめないで」

と、恥ずかしがりましたが、そのなめらかな白い肌は、私をとても興奮させたのです。

私は、豊かな胸に吸いつき、乳首を転がすように愛撫しつづけました。舞子は腰をくねらせて、私の足をはさみ込むようにすると、「ああ、ああ」と、小きざみに呻きながら、自分の股間を擦りつけるように動き始めました。

指先で、舞子のその部分に触れると、そこはすでに生温かい液体で溢れていました。私が、切れ目に沿うように中指を上下させてその感触を味わうと、「あっ、あっ、あっ」と、切なそうな声を出すのです。

私の舌は、乳房を離れると、濡れそぼった舞子の中心、中指を根元まで飲み込んでいるその部分へと向かいました。舌先がその敏感な部分に触れると、舞子はこれまでになく大きな声で喘ぎました。

「ああ、いや、恥ずかしい。ああ、ああっ」

そう言いながら、舞子は私の股間をまさぐりました。そこは痛いくらいに硬くなっていたのですが、舞子はそれを優しく撫でるようにしたかと思うと、体の向きを入れ替えて、そのまま口で愛撫し始めたのです。舞子の舌が先端を包みこむようにして触れると、一気に喉元まで吸いこんで、私を悦ばせました。

舞子の口もとは音を立てて硬くなったものを吸い込み、時には、焦らすように先端を舐め上げてはまた奥深く飲み込んで、激しく摩擦するのです。

正直に言うと、そのころの私は、あまり女性経験がなく、舞子の積極的な愛撫に、そのときは、そのまま、なす術もなく果てそうになったのでした。

「ああっ、舞子、いきそうだよ、このままいっていい？　ああっ」

私は、下半身の奥深くから湧き出るような快感を覚え、身をまかすように一気に放出させてしまいました。

その姿を見て、にこっと笑った舞子は、私の吐き出したものをごくりと飲み込んだのです。しかし、舞子の表情が、徐々に曇りがちになっていくのが、私にはわかりました。

「ごめんなさい、私って、こんな女なんです」

そう言うと、舞子は突然に泣き崩れるのでした。

舞子は「私は、とてもあなたに相応しいような女ではない」と言うのです。うす汚れているとまで、自分自身をなじりました。

「結婚なんかしたら、幻滅するのはあなたなの。私にはそれがとても悲しいし、耐えられないと思うの」

そんな舞子が私にはいじらしく思えました。私は、涙を舌ですくい取るようにし、そのまま、こじ開けるように舞子の舌を吸ったのでした。そして、まだ湿り気を帯びたままの舞子の中心に私のものを当てがい、一気に思いを遂げたのです。

私は、そのとき、不思議と動揺することもなく、舞子との結婚を強く決意したのでした。

舞子との結婚生活は、それはごく普通に幸せなものでした。二年後には、舞子は妊娠し、すべてが順調に思えたのです。

舞子が家を出たのは、娘の舞衣《まい》が生まれてから、半年後のことでした。信じられないのは、舞子に男がいたことです。娘の舞衣は、まだ乳飲み子でしたし、そのときの苦労はとても言葉で言い表せるものではありませんでした。そして、舞子と一緒に逃げた男が、あの大学時代、友人だった今野であることを後で人づてに知ったときのショックは、いまも忘れることができません。舞子は、結婚する以前からの今野との関係を続け、私を騙しつづけていたのでした。

私は、舞衣が本当に私の子であるのかどうか、毎夜のように悩み、眠れない日を送りました。不幸なことに、私と今野の血液型は同じだったのです。しかし、私の顔に向かって笑いかける舞衣の表情を見ていると、ある日、そんなことは、どうでもいいことに思えてきたのです。舞衣は私の子である。私と舞子の間にできた子であることを、いつの間にか、私は、確信するようになっていました。それに、男手一つで育ったにもかかわらず、舞衣はとても素直に成長してくれたことが、救いと言えば救いでした。

それでも中学に入ったころだったでしょうか。舞衣が家を出ると言い出したときには、さすがに動揺しました。それは、私が舞子、舞衣の母親とのいきさつを、包み隠さず打ち明けた翌日でした。説得する私に、舞衣は泣きながら、許せない、許せないと何度も言いました。その場は、「二十歳になるまでは、一緒に暮らしていて欲しい」という私の提案で、やっとのことで納得したのですが……。

それからの、親子二人の生活は、これまでとはまったく違ったものとして始まったように思えます。舞衣には、自分の実の母親の不在を補いたいという気持ちがあるのでしょう、私には実に尽くしてくれるのでした。

それは、自分を今野の子であると思ってのことだったと思います。なぜ、そう思ったのかは、私にはわかりません。ただ、直感的に感じとったことであるなら、それは、実の親子にしかわからない、生理的なところから発する、何かがあるのかも知れません。

舞衣は、十六歳になろうとしていました。高校生になったばかりで、遊びたいさかりのはずなのに、朝夕の食事の用意はもちろん、炊事、洗濯、私の身の回りのことは、すべて舞衣がしてくれるのです。それに、アルバイトをしながら、学費だけは自分で払うと言って聞かないのでした。

私には、そんな舞衣の献身的な姿が、いとおしくて仕方がありません。私は実の娘だと信じていましたが、舞衣に対して、ほのかに別な感情も抱き始めていました。

それは、舞衣が日に日に舞子に似ていくのがたまらなかったこともあるのかもしれません。十五年という歳月が流れても、私は舞子を愛していました。心の底から恨んだこともありましたが、時の流れが、かえって舞子との思い出を鮮明にしてしまうのです。私は舞子の肉体を、日ごと女として成長していく舞衣に、つい投射してしまうのでした。舞衣の色白の肌は舞子以上に透き通り、ましてその肉体は、まるで弾けるかのように眩《まぶ》しく映るのです。

そんな目つきに、舞衣も気づいていたのでしょう。次第に、女であることの心遣いを見せるようになったのは、あることがきっかけでした。

ある晩、酒を飲んで帰った私は、トイレに入ろうとして、舞衣がシャワーを浴びていることに気づきました。いや、そのときの私には、それが舞子であるように思えました。私は、その場で服を脱ぎ捨てると、舞衣のいる浴室へと入っていってしまったのです。

「舞子」

突然のことに驚いた表情でしたが、私がそう呼びかけると、舞衣は、声を上げることもなく、じっと立っているのです。

「舞子、舞子」

私は、そう呼びかけながら、舞衣の肌に触れました。酒を飲んでいたというのに、異常に興奮していた私の下腹部は、いまにも挿入を可能にした形で、舞衣の内ももに擦りつけられたのです。私は、それを舞衣の手に握られて、自らの腰を動かしました。

「ああ、舞子、頼むよ、口でしてくれよ」

舞衣がしゃがみこんでいく姿に変わりました。

「さあ、早く、早くしてくれ」

いきり立ったそれを見つめて動かない姿に向かって、無理やりに押し込もうとしたのです。

「あっ、いや、お父さん、乱暴はやめて」

その声に、私は初めて、それが舞衣であることに気づいたのでした。私は、言い訳の言葉も見つからず、そのまま自分の寝室に入ったのです。

しかし、舞衣にとってはショックだったに違いないのに、次の朝、私と顔を合わせた舞衣はいつもどおりに、「おはよう」と、声をかけ、朝食の用意を始めるのでした。何もなかったふりをしてくれる舞衣に、私は感謝するよりほかありませんでした。

ただ、そのときを境に、舞衣は変わりました。私の目に入る範囲では、決して自分の下着を部屋の中で乾かすことはなくなりました。家にいるときでも、以前のように、ブラジャーをしていないことがすぐにわかるようなTシャツに、中がちらつくような短いスカートをはくこともなくなったのです。

しかし、不思議なもので、そうした心遣いがかえって女を感じさせるものだということに、舞衣は気づいていませんでした。

私は、舞衣を娘と思う気持ちと、舞子の分身であるという感情の二つを常に持つようになっていきました。

舞衣の肉体の成長が、残酷なほどに、私の男としての欲望をかきたてるのが、つらい毎日でした。ふと、知らず知らず、舞衣を舞子と呼び間違えるようになったのも、そうした心の動きがあったからのことなのでしょう。それでも、そうした感情を抑えることができた理由があるとすれば、それは舞衣が自分の娘であるということ以上に、私が舞子を愛しつづけていたことのほうが大きいかもしれません。

しかし、その思いも、一瞬にして砕け散るときがやってきたのです。

その日は、舞衣の十六歳の誕生日でした。ちょうど日曜日でもあり、夜は外食でささやかな誕生パーティーをする約束でしたが、その日に限って、もう昼だというのに起きだしてこない私を心配した舞衣が、様子を見にふとんの横に来たのでした。

「ずいぶんとのんびりしているのね。お父さん、今日がなんの日か知ってるわよね」

いつもどおりに明るく話しかける舞衣でしたが、私には、それに対して元気に答える気力がありませんでした。

「あら、どうしたの？　風邪でもひいたの」

そう言って、額にのせられた舞衣の手は、妙に冷たく感じられました。

「あっ、熱いよ。きっと、熱があるのよ」

舞衣は足早に自分の部屋に戻ると、体温計を持って、私のわきの下へとそれを挟みこむのです。

「ああ、すごい汗。インフルエンザかしら。それにしても、今日に限って」

「いや、本当にすまない」

私はだるい体を起こそうとしてそのまま視線を上にやると、そこには、腕組みをして、見下ろすようにした舞衣が立っているのでした。

ただ、そのときの舞衣は、病人を前にしているせいか、あまりに無防備でした。何もなかったように横になる私の脳裏には、いま、目に飛び込んできた、舞衣の白い内ももが消えることなく強く焼きつけられたのです。

「そろそろかな。はい、体温計を出して」

そっと目を見開くと、そこにあるのは、まるで静止画像のように、さっきと同じ舞衣のむちっとした、内ももなのです。

「ああ、やっぱり、三十八度もある。残念だけど、誕生パーティーは延期か。でも、来週に延期だからね。中止じゃないよ」

そう微笑む舞衣と裏腹に、私は熱のせいか、妙な性欲にかられて、それを抑えるのに必死だったのです。

「少し寝るから、心配しなくてもいいよ」

そう言って、舞衣を自分から遠ざけたのは、自分の下腹部が、ちらちらと目に入る舞衣の内ももに、反応していたからです。もし、舞子がいたなら、私はその感情を押し殺すことなく、その肉体にぶつけていたに違いありません。

「ああ、舞子」

そう、頭の中で繰り返すうちに、私は、徐々に眠りへと落ちていったのです。

それは、明らかに夢とわかるものでした。私は、夢であると確かに自覚しながら、舞子の剝き出しのスリットへと舌を這わせていたのです。舞子のそこは、いつものように濡れそぼり、生温かいぬめり気のある液体で溢れていました。舌の先端で掻き分けるようにして中に差し込むと、舞子は呻きながら、

「ああ、いい、いい。やっぱりあなたが一番いいわ」

と、苦しそうに悶《もだ》えるのでした。

半開きになった唇からは、きらきらとよだれが流れ落ち、それは、硬くなった乳首の先端を通り、いま、自分が愛撫を続けている、舞子のぬめったスリットへとまとわりつくのでした。

「なんていやらしい女なんだ」

そう言って辱めると、舞子は股を大きく開き、その部分を自分の指を使って押し広げていきました。

「ああ、入れて、早く入れて。あなたのが欲しいの。ねえ、あなたのおち×ちんで、舞子のここを一杯にして」

そう言うと舞子は、自ら四つん這いになって、腰を振ってくるのです。

「ねえ、何をしているの、早くちょうだい。あなたのだって、そんなに硬くなっ

て、ここに入れたがっているじゃない。ねえ、早く」

「でも、舞衣が、舞衣が見てるんだ」

そう叫んだとき、夢から覚めた私の目の前には、現実の舞衣が座っていたのでした。

「なんだか、変な夢でも見てたみたい」

そう言って笑う舞衣に、私はうわごとでも、何かとんでもないことを口走っていないかと、心配になるのでした。

「でも、お母さんの名前呼んでたでしょ。ありがとう。あんなひどい人なのに」

そう言ってうつむいた舞衣の悲しげな表情を、私はどこかで見た気がしてならなかったのでした。確か、それは、そう、あのうす汚れたラブホテルの部屋で、舞子が涙を流したときの表情ではなかったか。

「はい、タオルで冷やしましょ」

そう言いながら、かがんだ舞衣のブラウスの間からは、くっきりと胸の谷間がのぞいていました。それは、高校生といっても成熟した女の証でもあり、その白い肌は、男の意地悪な愛撫で赤く染まるはずのものでした。

「あっ」

舞衣が急に手を引っ込めたのは、タオルをのせようとしたときに、ふとんの上からでもはっきりとわかる、硬直した私の下腹部に触れたからです。

「舞衣、こっちにおいで」

私は、引っ込めようとした舞衣の手をとり、そのまま、自分の下腹部にもう一度、触らせたのです。私のそこは、熱を帯びて、ドクンドクンと脈を打っているのが、舞衣にも伝わっているはずでした。

「もっと、もっとちゃんと握っておくれ」

そう言うと、舞衣は言われるままに、それを強く握り、私の目をじっと見つめていました。

「舞衣、もう我慢の限界なんだ。今度はパンツの中に手を入れて触ってごらん」

そう言って、舞衣の手を強引にパンツの中に押し込むと、それを強く握らせ、動かすように私は命じたのです。

「ああ、いや。そんなこと」

初めて拒否した舞衣の言葉でしたが、その言い方が、舞子が悦んでいるときの声に聞こえたのは、偶然ではなかったと思います。

私はいやがる舞衣を無理やりにふとんに引き込むと、覆いかぶさるようにして、ブラウスの上から乳房を揉みしだきました。

「ああ、だめ、そんなに、そんなにしちゃいや」

自分のものが埋められた部分から、ピチャピチャといやらしい音が聞こえ始めて、舞衣が感じているのがわかりました。

「ああ、舞衣、とっても気持ちがいいよ、こんなの初めてだよ。ああ、いきそうだ」

私は最後の力をふりしぼるようにして、舞衣の体に打ちつけたのです。舞衣のそこは、きつくそれを締めつけて、我慢する余裕を与えませんでした。

「ああ、いや、いや、お願い、やめて」

そう繰り返す舞衣の中から抜き出すと、私は寸前で、お腹のあたりに吐き出したのでした。

私はぐったりと仰向けになり、これが夢であればいいと、少しずつ後悔の念を抱き始める横で、舞衣は、呼吸を整えようとしているようでした。

「ごめんよ、舞衣」

そう言うのが精一杯でした。舞衣は、下着を身につけると、服を手に持って立ち上がり、醒めた表情で出ていったのです——。

姉への暴行に性的興奮を抑えられず ブラウスをビリビリに引き裂いて

金沢遼　会社員・二十四歳

してはいけない、許されない行為だとわかっていても、時には欲望が理性を上回ってしまうことがありませんか？　姉とのあのときは、まさにそういう状態で、理性の二文字が全くなくなってしまっていました。

僕と姉は二つ違いで、子どものころから何をするにも一緒でした。活発な姉はいじめられっ子の僕をよくかばってくれ、時には男の子ととっ組みあいのケンカまでしてました。そんな僕らですが、成長するにつれ、姉はとてもおとなしい美人、僕は活発なガキと、幼いころの立場が入れ替わったかのようになっていました。ただ性格はやはり昔の影響が強いようで、どちらかといえば芯は姉のほうが強かったのです。

高校時代、僕は姉と同じ学校に通学していました。不良グループに入って悪さばかりしている僕を、正義感の強い姉はたしなめるのですが、そんなのどこ吹く風と、聞く耳ももたずにタバコ、酒、シンナー、万引き、不純異性交遊などを重ねていました。見かねた姉が僕らのグループの一人に、

「うちのリョウのこと、もう誘わないで」

と僕に隠れて頼んだときなど、

「よけいなことするんじゃねえよ」

と、殴る蹴るの暴行をしてしまいました。暴行している最中は、自分でも信じられないくらい凶暴になるのです。姉は情けない顔で涙を流しながら、抵抗もせずただ黙って殴られており、その態度は、僕をひどく後悔させるのでした。

ただその反面、暴力をふるいながら変な興奮を覚えてもいました。

ほかの女とセックスしているときよりも、姉を暴行しているときのほうが興奮してしまうのです。別にSの気があるわけではないのに、性的興奮に近いものを感じてしまい、殴りながらボッキしてしまうのです。美人の姉だけに、よけいそういう興奮をしてしまうのかもしれない。もっとハッキリ言うと、ほかの女より

も姉のほうが気になって仕方なかったんだと思います。

中二で初体験をして以来、かなりの人数をこなしました。最初こそ興奮も強かったのですが、経験を重ねるうちに刺激は少なくなっていきます。どんな女でも、一度してしまうと飽きてしまうんです。それどころか、腰を動かしているときに姉の顔が浮かんできて、それが刺激でアッという間にイッちゃう始末。

姉の入浴中に、脱衣所からガラス越しの姉を見つめたりもしました。当時の姉はバスト八十七、ウエスト五十九、ヒップ八十九の抜群のプロポーション。学校のミスにも選ばれ、男子生徒の憧れの的。そんな裸の姉を想像するだけで、イチモツはビンビンになり、そのまま部屋に戻りオナニーするのですが、それでさえほかの女とのセックスより全然刺激的なのです。自分でも抑えられないほど、姉に対する気持ちが昂っていました。

そんな気持ちを抑えることでモヤモヤがたまり、気晴らしに友達に新車のバイクを借りたのですが……。

猛スピードで突っ走っていたときに、飛び出してきた老人をよけようとして電柱に激突してしまいました。幸いケガは軽くてすんだのですが、バイクが全損し弁償しなければならなくなりました。新車ですから五十万はします。とても高校生には用意できない額なので、仕方なく姉に相談しました。

「バイクぶつけて弁償しなければならないんだ。悪いけど、金貸してくれ」

「あれほど言ったでしょ。自業自得よ。自分でなんとかしたら」

「そんなこと言わなくてもいいだろ。貯金だってかなりあるんだから。なっ、弟を助けると思って貸してくれ」

「いまのアンタには貸したくないわ。何さ、昔は弱虫だったのに、かわいいリョウだったのに。いつのまにそんな不良になったのよ」

姉は泣き出してしまいました。良心が痛みます。

「とにかく頼むよ、明日までに」

「アンタなんかに貸す金はないわ！」

「……そんな言い方ねえだろ！」

頭に血が上った、というのは言い訳です。むしろ、キッカケを欲しがっていました。

次の瞬間、姉をひっぱたき、倒れた姉に蹴りを入れていました。あのときの興奮がよみがえり、股間がビンビンになっています。

欲望が頭にうずまきどうすることもできず、理性のかけらもなくなって……倒れた姉におおいかぶさり、ブラウスをビリビリに引き裂いていました。

「何するのよ！」

驚いて絶叫する姉。

「リョウ、な、何すんの、やめなさい！　あたしはアンタの……」

「アンタの何だよ」

「姉よ！　私たち、姉と弟なのよ！」

「そんなこと知ってるよ」

さすがに強い抵抗をする姉の頬をさらに二、三発殴りました。

「いいわよ、いくらでも殴りなさい」

大量の涙を流した姉が、僕のことをまるで汚いモノでも見るような目つきでにらみました。

「姉とか弟とか、そんなの関係ねえよ」

そのセリフを、自分でも信じられないほど冷酷な気分で言うと、純白のブラジャーをめくっていました。

「イヤッ」

初めて目にする、姉自身、まだ誰にも見せたことがないはずの八十七センチのバストが、目の前にさらけだされました。いままで関係したどの女よりも豊かです。姉の腹の上で、股間が怒張していくのがわかりました。

「待って。そんなにしたいなら約束して。これからはもう悪さしないって」

「えっ」

「いいわよ。これでリョウがいい子になるなら……」

姉の思いやりに心が痛みました。そして、こんなにも思ってくれている姉が愛しくなりました。自分のバカさ加減に腹が立ち、涙を流しながら雄叫びをあげ、ピンクの乳首にむしゃぶりついたのです。

「アン……」

かすかな吐息を洩らした姉。それは、禁断の関係の入口を入ろうとする僕へのパスポートでした。

そのまま首筋から乳首を無我夢中で愛撫すると、姉のカラダはピクンピクンと震え、全身の力が抜けていくのがわかりました。

「姉ちゃん、姉ちゃあん」

「リョウ！　アア……」

スカートをめくり、いままでにないくらい怒張したモノを温かい部分に押しあてると、姉のカラダの震えはだんだん振動の幅を短くさせていきました。

そのままスカートを脱がせ、純白のパンティ一枚になった姉の股間に顔をうずめ、パンティの上から、大事な部分を舐めまくりました。

「アン、アア」

パンティの脇から指を入れると、そこは愛液で潤《うるお》っています。触るたびに、ビチョビチョと音がして……。こんなヤラしい音をさせる姉も、やはり『女』。しかし、ほかの女とは明らかに違う何かが、僕を刺激します。

たまらずにパンティを脱がせました。抵抗するどころか自ら腰を浮かせる姉は、弟の愛撫で確かに感じていました。

まだピンクの秘部を舐め、吸いつき、舌でころがしました。

そのたびにカラダの震えが伝わり、それが僕を激しく刺激します。

「アアン、アアア……」

「気持ちイイの？」

「……」

「どう？」

「……イイ」

「どこが？」

「ヤダ、言えない」

次の瞬間、返答に困った姉の手が僕のズボンのベルトに。

「リョウも脱いで」

その声は、明らかに肉親に対するモノではなく、一般の、女が男に対して出す甘ったるい声でした。

姉の目の前に、いきりたったモノがさらけ出されました。

「ヤダ、いつの間にかこんなに大きくなって……」

そう言うと、姉は弟のモノにしゃぶりつきました。慣れないフェラで、ハッキリ言ってヘタクソですが、ほかの誰にされるよりも快感が強く、

（――姉に舐められている）

そう思うだけで、いまにも爆発しそうでした。

他人が見たら異様な光景です。姉弟がシックスナインでお互いのモノをがむしゃらに舐め合っているんですから……。

快感が高まるにつれ、僕らの愛撫も激しさを増していきます。

姉の秘部は愛液の量も多めです。クリトリスを責めるたび、

「アン、アン」

　とカラダをビクビクさせ感じています。

　お互いのモノを舐め合いあっているうちに、僕らは、

「出るー」

「アア、アア、アアア」

　一緒にイッてしまいました。

　あまりの激しさにしばしグッタリ。

　起き上がった姉は口の中に放出された弟の精液をゴクンと飲み、

「若いのね」

　と言って微笑んでいます。その姿がたまらなく愛しくて、僕は姉を思い切り抱き締めていました。

　そして、姉を抱えてベッドに行ったのです。

　僕らの立場は完全に入れ替わっていました。

「姉ちゃん、変なんだ、俺。姉ちゃんが好きなんだ」

　顔を見つめて囁くと、姉は僕を抱き締めてくれました。その抱擁《ほうよう》は、母が幼い子どもにするような淡い感覚です。

「リョウ、おいで。姉ちゃん、初めてだけど、リョウを感じてあげる」

「姉ちゃん！」

なぜだか涙があふれ、そのまま姉の熱い部分へ、そっと挿入しました。

その部分はとても狭く、そしてすごく熱く、発射したばかりだというのに、いまにもイキそうな感じです。処女膜を突き破る感じもわかりました。その瞬間、

「痛いーっ」

と姉は絶叫してましたから。

このとき感じたのは、セックスはハートであり、単なる性器の出し入れではないということです。いままで大いなる誤解をしていたことも………。

姉に激しいキスをしながら腰を振る僕。姉は痛がっていますが、僕をしっかりと受け入れています。

「アアアン、リョウ、お、大きい！」

「姉ちゃんの中もすごく温かいよ！」

「リョウ！」

「姉ちゃん、姉ちゃあん！」

絶叫とともに、僕は果てました。

ベッドを見ると、姉の処女の証である血がベットリ。姉は言いました。

「姉ちゃんね、なんだか知らないけど、夜になるとウズウズしちゃうの」

「したかったんだ？」

「わからないけど、そうみたい」

ニコッと微笑む姉。弟だけに、何でも言えるようです。

その日は二回もしてしまいました。

後ろから突いていると姉のアヌスが丸見え。けど、少しも汚い感じはせず、そこにも何度もキスしてしまいました。最後には姉が上になって、なんと腰を使っています。

「姉ちゃん、痛くないの？」

「よくわかんないけど、こうすると気持ちイイんでしょ？」

姉のただでさえ狭い秘部に感じているのに、そのうえ腰を使われてはたまりません。

僕らの関係はそれからしばらく続きました。姉も僕を求め、親の目を盗んでヤリまくっていました。姉もセックスの味を覚えて、ますます魅力的な女になりました。この関係は、姉の結婚まで続いたのでした。

トイレ隠し撮りをネタに美人教師におしゃぶりを強要し……

先崎雄二　高校二年生・十六歳

新任教師の出雲菜々子《いずもななこ》を一度見たら、オレっていままで女を見たことあるのかなって思った。

地理の大久保和子《おおくぼかずこ》や音楽の田村彩乃《たむらあやの》とか、それから保健室の菱田《ひしだ》女史とかオレのターゲットはいままでだいたい決まってたんだけど、全部ブットんだね。

もうたまんない。小柄なんだけど胸はボンッと出てるし、ウエストはキュッと締まってそれからブイーンとヒップがうねってカッコいい脚につながってる。

それでいて全体がスリムなんだ。つまりこれってボディコン系統のギャルの条件を全部満たしてるってわけだ。

菜々子はもちろん職業教師だから、学校にボディコンで来るようなことはないけど、一、二着は持ってるとオレは睨《にら》んでる。

で、ね。狙ったわけよ。カメラでね。

オレって暗い人間なんだ。目立たないし、成績悪いし、ぼさぼさに髪伸ばして、女に「不潔っ」といちばん言われやすいタイプってのかな。

要するにモテるわきゃないっていうヤツ。

だけどオレには特技ってものがある。それがカメラなんだ。

「隠し撮り」専門。アイドル系のイベントがあると必ず一番前に陣取ってパシャパシャいく。一枚でもパンチラが写っていればありがてぇわけよ。

あと女子校とかでバレーボールの試合なんかあると出向くね。体育館の床に座り込んでひとりで延々とシャッター切ってる。

太股、太腿、ブルマのお尻。

このコレクションですよ、もっぱら。

ときどき、無防備な角度から短パンの中が見えて、しかも半ケツ状態になってるのなんかが撮れてると熱い涙が出るわけよ。

ああ、生きててよかった。オレの青春だって間違ってなかったんだ、ってね。

女教師だって例外じゃない。学校開放のテニスに参加してるときの地理の和子の写真だって凄いのがある。

『放課後　職員室の着替え』って名前のついた写真で、窓越しだったけどアンダースコートを穿く瞬間のカットがあるんだ。

さて新任の菜々子なんだけど、これが難しい。隙がないっていうのか、もちろん本人は全く無意識なんだろうけど、まだ全体に学校ってものに慣れてないこともあって、油断っていうものがないんだ。

さっき話した和子の着替えだって本当は更衣室に行けばいいものを、一瞬誰もいなくなった職員室で「まっ、いいか、ここで」みたいな油断が生まれたから撮れたわけで、いちいち全部キチンとやられるとチャンスがないってことになる。

そこで考えた。

この堅い女が油断して無防備になれる場所。それはいったいどこだろうか？　ってね。

それはト、イ、レ。

だけど難しいんだ。うちの学校は職員用トイレってのが別にあってそこに生徒がウロチョロすればすぐに目立つし……。

唯一チャンスがあるとすれば菜々子の専門である英会話の時間。

その時間、ＬＬ教室っていうのを使うんだ。ランゲージ・ラボラトリーとかの略らしいけど生徒全員がヘッドホンつけてヒヤリング。

菜々子の声が耳元で囁きかけてくるんで凄く妖しい気分になる。

この教室は、特殊な防音装置とかつけてるために体育館の向こう側にポツンと離れてるってわけだ。

そこに、二人も入れば満員っていうトイレが一つある。

生徒はほとんど使わない。たいていＬＬの授業が終わるとそのトイレの逆側から出て教室にゾロゾロ帰るわけで、その流れと逆の方向に存在してるからだ。

そこが狙いだった。菜々子がそこを使うか使わないかは賭けみたいなもんだ。

それで授業が終わるとすぐにそこに行って片方の個室に入り、床下にカメラや録音機材をセットしておくわけ。

ＬＬの授業が終わると生徒はすぐにゾロゾロと本校舎に帰っていくけど、教師はいろんな後片づけをしてから帰るので一人残る感じになる。

そこで、ふともよおしたら……。

この狙い、ズバリ当たったたんだ。

廊下に機嫌よさそうな鼻唄が聞こえてきた。なんか英語の歌？　さすがに胸がドックドックしたよ。ふるえる指でよーしとテープを回す。

ギィバタン。ドアの開閉の音。

「♪　WE　ARE　THE　WORLD　WE　ARE　THE　CHILDREN～」

とかって小さい声で口ずさんでいる。さっき授業で歌ったヤツだ。コツコツという軽い靴音。女だ。そして隣の個室のドアが開いた。

この気配っ、間違いないッ！　菜々子だッ。

チッと一発切った。リモートで切るからシャッター音はうんと小さい。モードラで巻き上げると物凄い音になるから、そーっと手巻きする。

隣からシャシャッと繊維のこすれる音が聞こえる。

(お、パンティごとパンストを引き下ろしたな)

チッ、チチと切る。

シャーッというオシッコの音。けっこう長い。

それから驚くことが起こった。菜々子のお尻の穴からほんの小さい音だったけどプッという空気が洩れたんだ。

エエッ！　と思った。あのおすましした美人の女教師が……事もあろうにオシッコしながら屁をこくなんて！

オレ、もう金縛り状態だった。冷汗がオデコにはりついていた。

誰もいないと思っている場所では、女でも二度流しはしない。カラカラとペーパーを回す音。

シャッシャッと巻き取って、クシャシャシャッと拭く音。

ズッバーンと水の流れる音とともに下着が引き上げられた。

洗面台で手を洗って出ていくまでの間、オレはあまりの驚きと嬉しさのあまりの緊張で、壁にはりついた染みみたいに身じろぎひとつしなかった。

個室に入ってから出るまでに三十回はシャッターを切っている。

いままでの隠し撮りのなかでも最高傑作のひとつになるって確信があった。

実際、それをいつもお世話になってる顔見知りのラボに出して上がってきたのを見たら最高のもんだった。

ワイドレンズだし、光量が絶対的に不足してるからムキムキに鮮明とはいかなかったけれど、女教師のお尻が筆記体のWの形に完璧に撮れてる。そしてその真ん中から少しはみ出たお肉と黒く生えている陰も見えて、チョロチョロ、シャーと噴出してるのがわかるんだ。

それに最高に感激したのは、その日菜々子が穿いていた花柄のフレアースカートの柄がお尻の上にまくれ上がってるのが、はっきりとわかるってことだ。

録音テープもバッチリ録れている。鼻歌、靴音。そしてオシッコの激しい音。あのかわいいプッという音も！　全部バッチリだった。

オレ、写真が上がってきた晩、いままで生きてきたうちで一番幸せだった。

マスの回数も記録を思いっきり更新した。

それで妄想が湧いた。このままですまされるもんかって思ったわけよ。

だって、菜々子はもうオレの手の内にあるも同然なんだ。オレの物だぜ。こんな恥ずかしい行為の写真も握ってるんだ。コワイものなしってわけだ。

オレはそう思った。マジでそう思った。

被写体に対してこんな気持ちになったのは初めてだった。

それだけ出雲菜々子に惚れていたのかもしれない。

もう一度、と思った。あの思い出のトイレで。もう一度。

じっとチャンスを待った。何度もセットをし直し、無駄な時間を過ごした。

こうなりゃ執念だ。そしてチャンスが来た。

今度は鼻歌は歌ってはいなかった。「あーあ」と溜め息をついていた。お馴染みの手順で事が終わった。水を流し下着を整え、ドアを開けたその瞬間、オレは隣の個室から飛び出した。

「まッ！　な、なによ」

菜々子は心底驚いた様子で立ちすくんだ。

「いいから、静かにしろ」

オレは菜々子が棒立ちになっている個室に入り込み、内側から鍵を掛けた。

「あ、あなた先崎《せんざき》くん、ね」

「先生、これ見て下さいよ」

オレは菜々子に写真を渡した。

「な、なんなの!?」

言われるまま見始めたが、何枚目かで、それが何を撮った写真か理解したようで指がワナワナとふるえだした。

「音もあるんですよ」

オレはテレコのスイッチを押した。紛れもない自分の歌、そして……。

「酷《ひど》い、い、いつ、こんなことを」

「いいから、聞いてくださいよ。ほれこのあと、かわいいプッという音、ほら」

「いやあッ」

菜々子は耳を覆った。イヤイヤしている。その肩にオレは手を置いた。

「なあに、誰にも見せたりしませんよ。こんな恥ずかしいもの。これは先生とオレだけの秘密ですよ」

「ハレンチよ、なんてことするのッ」

やっと目が上がった。瞳が怒りに燃えている。その表情がまた綺麗だった。

「そんなこと言うと、これバラまきますよ。先生に頼まれて撮ったってね」

「な、何を言うのっ」

「変態女教師、生徒に放尿シーンを撮影させる、なんてね」

「頼むわけないじゃないのっ」

「そりゃそうだ。冷静に考えれば、ね。でもね、このスキャンダルは広まりますよ。学校にもこの街にもいられなくなるのは先生のほうですよ。オレはまだ未成年ですからね。何度でもやり直しがきくけど、ね」

何度も予習しておいた科白《せりふ》だからスラスラと出た。

思ったとおり、菜々子は苦しげに考え始めていた。

「わかったわ。写真もテープも私に返して。そしたら何もなかったことにしてあげるわ」

押し殺したような声になってきた。フムフム、そうきたか。そうくるのもひとつのパターンだと思ってた。

「うん、それでもいいって思った。でも、それじゃオレには何も残らないじゃない」

「じゃ、じゃ、どうすればいいのよっ」

「写真は返すかわりに、先生のオシッコの出る場所をナマで見たいんだ」

「そんな……そんなことできるわけないでしょッ」

「そうかなあ、さっきここでしたみたいにパンストと下着をずり下げて、スカートをまくり上げればいいんだ。できるだろ?」

オレは一歩前に進んだ。

「さ、早くしろよ。こんなとこに人が来たらどうする。写真も何も全部学校じゅうに広まっちまうぜ」

菜々子は脅《おび》えきった。ただでさえこんな狭い個室に二人きりなのだ。確かに誰かが入ってくるかもしれない恐怖がある。こんなところを見られて何と釈明すればいいのか。

　正確な判断など下せるような精神状態ではない。もっともここまではオレの読みのうちだけどね。

　ついに菜々子は折れた。スカートをまくり上げて、オレの前に綺麗な脚線を全部見せたんだ。

　前にしゃがんでオレはグイッと下着を引き下ろした。

　真っ白な肌が晒された。そしてオレの目は下腹部の下を飾る黒い茂みに釘づけになった。

　カメラを構えた。すかさずシャッターを切った。

「あ、ダメよ、見るだけって言ったじゃないっ」

「へへ、そりゃ無理だよ。こんな美味しい眺め、カメラ小僧に我慢しろって言ったって」

　スカートを下ろして隠そうとするのを、させじと左手を突っ込んで股を探った。そのままシャッターを切る。

「後ろを向きな。そのほうが恥ずかしくないかもね」

　今度は後ろを向かせた。剝き出しのお尻を狙った。

水蜜みたいな綺麗なヒップ。ちょうど膝まで下げられたパンティが脚の自由を奪う役目を果たしていて菜々子はよろけてしまう。

「先生よぉ、もっとエロなポーズをつけてくれよ」

オレはだんだん乱暴になった。面白いことに、丁寧に出ているより乱暴に口をきいたほうが仕事が早いのだった。

「もう、許して。お願い。早く終わって」

菜々子はか細い声で泣きながら、オレに言われるままポーズをとった。

「最後に、これを舐めてくれよ」

オレはズボンのジッパーを下ろし、中で変形して痛いほど立っていたのを引っ張り出した。

「そんな、イヤよッ」

さすがに抵抗があった。だけど、この写真を撮らないとこっちが危ない。自分から舐めているところを押さえておけば、訴え出るなんてバカなことはしないはずだ。

いままでの写真は無理やりに撮られたと主張すればできるけど、こればっかりはそうはいかないはずだ。

そのときだった。ほとんど使わないはずのこのトイレに誰かが入ってくる気配がした。

オレたちは息を止めた。

「♪ オーマイダーリン、オーマイダーリン、オーマイダーリン、クレメンタイン」

調子っぱずれの歌を歌って入ってきたのは、おそらく〝熊〟という渾名《あだな》の英語の教師だと想像できた。

大声で調子者の教師だ。そんなのに見つかったら……もう……学校は大騒ぎだ。

菜々子もまったく同じ考えだったようで、ウブ毛ひとつ動かすものか、みたいに緊張している。〝熊〟は二つ並んだオトコ用の朝顔にジョジョーッと気持ちよさそうに排泄して手も洗わずに出ていった。ハーッ……。

安堵の溜め息がお互いに出た。オレはその瞬間を逃さなかった。

「おらおら、早く舐めないから、怖い目にあうんだ」

菜々子の美しい髪をわしづかみにして股間に引っ張った。

「あ……いや」

極度の緊張と弛緩。

張りつめたものが切れる瞬間ってヤツだ。

いまの乱入事件で声も出せなかった女教師は、もう抵抗する気力を失っていた。

何よりも二人の利害が一致したってのが大きい。菜々子とオレは共同でひとつの仕事をしたってことになる。つまり、オレたちは共犯関係になったってことになる。

これだぜ。

「これで、もう許してね。これで解放して、ね、ね?」

上目遣いにオレを見上げるその格好は、共犯者を通り越してもう一種の奴隷のようだった。

「わかったよ、さ、早くやれ」

おそるおそる唇が差し出された。スッゴイ快感だった。ちょっと触れただけでオレのは暴発しそうになった。

オレはカメラを自分の頭の上に構えた。パシッ、パシッと上から切った。

「これだと髪の毛しか写らないな」

オレは菜々子に顔を横にするように命じた。横ぐわえってヤツ。

こうすればカメラには菜々子の綺麗な横顔が写る。それもうっとりと、まるで自分から男を欲しがって食らいついているみたいな写真。

よーし。そうだ。それでいい。

オレは我慢できなくなった。菜々子が驚いて顔を離した瞬間、その顔に炸裂した。

「イヤーッ、汚いッ」

白濁したのを鼻や頬に受けたその顔を撮った。

「よし、今日のところは終わりだ。この写真ができ上がったら知らせるからな」

オレはついにすべての目的を達して、菜々子を解放したんだ。


オシッコ女教師——それからの出雲菜々子はオレの本当の奴隷になった。

日曜日に出来上がりを見せると脅して呼び出し、ラブホテルに連れ込んだ。

そして、その写真を渡すかわりに、今度はついに本番を撮った。狭くて時間の制約のあったトイレとは違って、ラブホテルの部屋では完全に光を回して撮影した。

ベッドの上で大きく股間を開き、にっこり笑っている定番の写真に始まり、ワンワンスタイルでの下腕回しオナニー写真。それからセルフタイマーでのオレと菜々子のヌード記念写真。

そしてズバリ接合してるところのアップ。

全部ノーカット、無修正モノだぜ。

「今度、ウンチのシーンも撮らせろよ」

「やだーン、変態っ」

そんな痴話喧嘩をしながら、キスになってベッドにもつれこんでくんずほぐれつってわけよ。かわいいセクシー女教師だぜ。で、ね、菜々子はいまやオレの女。それもこれもカメラのおかげ。人間一芸に秀でるってのはなかなかいいもんだね。

◎本書は、
『禁じられた投稿　「高校教師」たち』
『禁じられた投稿　異常愛《アブノーマル》の告白』
『禁じられた投稿　義母《そうかん》体験』
『禁じられた投稿　痴漢電車の体験』
『禁じられた投稿　お姉さんの童貞体験』
（以上マドンナメイト文庫）に収録された作品からセレクトし、再編集したものです。

＊いずれも、本文庫収録にあたり、表現その他に修正を施しました。

二見文庫

秘密《ひみつ》のはじらい告白《こくはく》

編者　素人投稿編集部《しろうととうこうへんしゅうぶ》

発行所　株式会社 二見書房
東京都千代田区三崎町2-18-11
電話 03(3515)2311 [営業]
03(3515)2313 [編集]
振替 00170-4-2639

印刷　株式会社 堀内印刷所
製本　株式会社 村上製本所

落丁・乱丁本はお取り替えいたします。
定価は、カバーに表示してあります。
Printed in Japan.
ISBN978-4-576-13112-2
http://www.futami.co.jp/